Vade-Mecum
du

COUREUR DES BOIS

Denis Frappier

Vade-Mecum du COUREUR DES BOIS

ÉDITIONS BROQUET INC

Case postale 310, La Prairie
J5R 3Y3 (514) 659-4819

Données de catalogage avant publication (Canada)

Frappier, Denis
Vade mecum de l'amateur de plein air

ISBN 2-89000-257-8

1. Plein air. 2. Survie en milieu sauvage. 1. Titre.

GV191.6.F72 1989 796.5 C89-096195-6

Dépôt légal — Bibliothèque nationale du Québec
2e trimestre 1989

ISBN 2-89000-257-8

TABLE DES MATIÈRES

AVANT-PROPOS

Il y a quelques années j'ai élaboré une série de cours traitant de la vie et de la survie en forêt. Ces cours étaient axés sur l'apprentissage d'un ensemble de techniques et de moyens ayant pour but de sécuriser l'amateur de plein air et de lui faciliter la vie. Ceux qui ont suivi cet enseignement peuvent maintenant (du moins je l'espère) s'adonner à leurs activités favorites avec un sentiment de liberté et une confiance en soi accrue. Pour réaliser ce projet j'ai dû colliger une quantité phénoménale d'informations, notes et photos.

Nombreux sont les élèves qui m'ont suggéré de circonscrire toute cette documentation en un guide pratique qu'ils pourraient consulter lors de leurs activités de plein air. Ainsi, sur le terrain, ils pourraient rapidement mettre en pratique l'enseignement déjà reçu.

Répondant à leurs voeux, j'ai donc décidé de me mettre à l'oeuvre. Au début je croyais que ce travail serait facile étant donné mon expérience et toutes les informations que je possédais. Au contraire, le travail fut long et ardu. J'ai dû suivre certains cours, réviser de nombreuses matières, lire ou relire quantité de livres, et consulter plusieurs personnes. Mais le problème le plus difficile auquel j'eus à faire face, fut celui de compiler et de transmettre le plus d'informations possible tout en conservant un esprit de synthèse. Par conséquent et pour éviter les descriptions trop longues, j'ai utilisé de nombreux « nota bene » (N.B.) servant à mettre en relief certains points pertinents. J'ai dû également faire un choix de sujets et leur donner un ordre d'importance. Par exemple, les cartes et la boussole sont analysées en profondeur et sous forme didactique. Le chapitre traitant de secourisme se veut une synthèse structurée et des plus complètes.

Par le biais de ce livre, j'espère apporter les réponses satisfaisantes à toutes les questions habituellement posées, telles: Comment utiliser adéquatement les cartes et une boussole? Comment attacher solidement un canot sur une automobile ou des boîtes sur un quadrimoto? Comment élaborer un menu d'expédition qui soit à la fois nourrissant, énergétique et léger à transporter? Comment reconnaître les «herbes à la puce» et une soixantaine de plantes forestières courantes et utiles? Comment allumer un feu dans différentes situations? Quoi faire s'il y a un blessé, un cas d'hypothermie ou un malaise quelconque? Comment constituer une trousse de premiers soins valable? Quel temps fera-t-il dans les prochaines 24 à 48 heures? Comment bien choisir son matériel de plein air? Comment équilibrer la charge d'un sac à dos? Quoi apporter? Quoi faire et comment réagir dans une situation de survie? Etc.

De plus 150 dessins, 143 photos et 7 tableaux (ou graphiques) viennent enrichir le tout.

Ce livre qui aborde de nombreux sujets a été conçu comme un guide synthèse. «Vade mecum» signifie livre ou guide que l'on garde habituellement sur soi pour être fréquemment consulté. Si vous désirez n'apporter qu'un seul volume lors de vos excursions, je crois humblement que celui-ci a de fortes chances d'être sélectionné.

En terminant, je tiens à remercier sincèrement tous ceux et celles, qui de près ou de loin, m'ont aidé à rédiger cet ouvrage. Un merci particulier à Mme Louise Lacombe qui a consacré de nombreuses heures à la révision des textes.

INTRODUCTION

Parmi nos nombreux loisirs, ceux qui permettent le plus à un individu de se ressourcer se déroulent majoritairement en forêt. Le retour au milieu naturel constitue un besoin essentiel au maintien de notre équilibre. Nos habitudes de citadins font que malheureusement, et quoique nous appartenions d'abord à la nature, nous nous sentons souvent désarmés devant celle-ci. Lorsque nous sommes confrontés à l'inconnu, notre confiance en soi diminue et nous incite souvent à poser des gestes inconscients.

Ce livre a pour but de vous armer afin de vous permettre d'affronter avec assurance les imprévus. Il enseigne des techniques de base essentielles à la vie en forêt.

Il se divise en deux parties dont la première, selon moi la plus importante, se veut avant tout didactique et aborde les thèmes suivants: les cartes et la boussole, les noeuds, les plantes, le secourisme en forêt, la nourriture, la météo et le matériel de plein air.

La deuxième partie traite surtout de la survie en forêt en incluant: la psychologie de la survie en forêt, les abris, le feu, l'eau potable, la chasse et la pêche, les signaux de détresse, les trousses de survie et les insectes piqueurs.

J'espère enfin que cet ouvrage contribuera à un rapprochement entre les hommes, la nature et les forces qui la composent.

PREMIÈRE PARTIE

CHAPITRE I

CARTES ET BOUSSOLE

MODE D'EMPLOI

Ce chapitre est présenté sous la forme d'un cours. Afin d'en retirer le maximum de connaissances, il vous faudra procéder ainsi:

1- Faire une lecture complète en essayant de saisir l'ensemble de ce qui est traité.
2- Se procurer la carte «31 J/5 Maniwaki», une carte index, une boussole, un rapporteur d'angle, un crayon, une gomme à effacer, une règle et quelques feuilles de papier.
3- Revoir en détail chacun des points traités en exécutant ce qui est décrit.

Vous devriez en moyenne consacrer une dizaine d'heures à réaliser le tout. Selon moi, cet investissement de temps en vaut la peine, car la maîtrise des cartes et de la boussole permet d'aller là où on le désire et de toujours être en mesure de retrouver son chemin, si jamais on le perd.

LA CARTE

La carte est une image du terrain vue d'en haut. En général, les cartes de base sont établies à partir de photos aériennes.

Les différents types de cartes

— *La carte photogrammétrique:* Elle est conçue à partir de la restitution de photographies aériennes. Elle sert à la réalisation des autres types de cartes telles les cartes planimétriques, topographiques et orthophotocartes.

— *La carte planimétrique:* Elle est la représentation graphique d'une partie de la surface terrestre sur laquelle il est possible de retrouver des éléments tels: l'hydrographie, la végétation, les constructions humaines, etc.

— *La carte topographique:* Elle possède, en plus des détails planimétriques, le relief par des courbes de niveau.

— *L'orthophotocarte:* Elle consiste en un document photographique qui possède les propriétés métriques d'une carte.

— *La carte générale:* Elle représente les grands traits physiques et humains d'un territoire tels: la répartition des populations, les réseaux hydrographiques et routiers, etc.

— *La carte thématique:* Elle représente sur un fond repère, en général topographique, des phénomènes de toute nature.

— *La carte bathymétrique:* Elle représente le relief des fonds marins.

Nous retrouverons également une multitude d'autres types de cartes comme les cartes index, routières, minières, marines, forestières, cadastrales, etc.

Le modèle de carte topographique le plus généralement utilisé par les amateurs de plein air, est édité par le gouvernement fédéral et possède une échelle de 1/50 000.

N.B.: Il vous serait très utile de vous procurer la carte «31 J/5 Maniwaki», car c'est à partir de cette dernière, que nous proposons les exemples et exercices qui suivent.

LA CARTE TOPOGRAPHIQUE
(échelle 1/50 000) (fig. 1)

Informations retrouvées
en marge de la carte

1- *Le nom du pays:* le nom du pays où le territoire représenté se situe.

2- *Le numéro de l'édition:* il est fonction du tirage et des mises à jour.

3- *Le numéro de la carte:* d'après le système de référence cartographique du Canada.

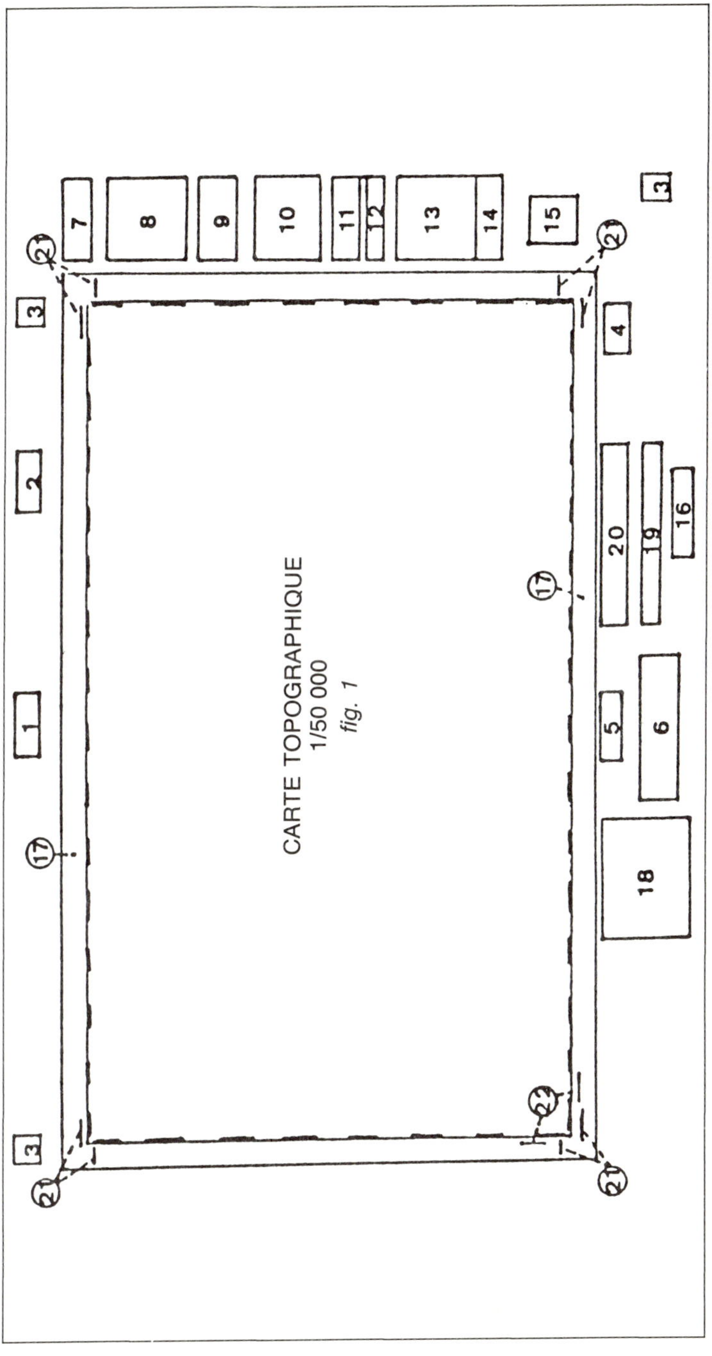

CARTE TOPOGRAPHIQUE
1/50 000
fig. 1

4- *L'identification du fabricant:* l'organisme qui a élaboré la carte et les détails concernant la mise à jour.

5- *Le nom de la carte:* il représente le nom de l'endroit le plus significatif retrouvé sur la carte.

6- *L'échelle numérique et graphique:* nous renseigne sur le rapport entre les distances mesurées sur la carte et celles mesurées sur le terrain.

7- *La référence pour usage militaire:* informations utilisées par les militaires.

8- *Le glossaire:* nous explique les termes relatifs aux représentations graphiques.

9- *Les abréviations:* abréviations de certains détails de la carte.

10- *Les données relatives à la déclinaison magnétique:* indiquent la déclinaison, et, si elle est «est» ou «ouest», ainsi que sa variation annuelle.

11- *La zone et le type de projection de la grille:* la localisation d'une zone précise par rapport à l'ensemble du globe terrestre. Le type de projection utilisé nous renseigne sur la conformité de la représentation des détails.

12- *Le carré de 100 000 m:* grille identifiée par deux lettres et comprenant 100 carrés de 1 000 mètres de côté.

13- *La méthode de repérage:* comment lire une coordonnée à six chiffres.

14- *Les amorces brunes:* elles indiquent le quadrillage de la zone voisine.

15- *Le tableau d'assemblage:* indique le numéro de la carte ainsi que les numéros des cartes voisines selon le système national de référence cartographique.

16- *Le type de projection de la carte:* cela permet de représenter la surface incurvée de la Terre.

17- *Les flèches de direction:* petites flèches indiquant la direction et la distance de la prochaine agglomération.

18- *Les signes conventionnels:* représentation schématique des objets ou de la nature du terrain.

19- *L'équidistance des courbes de niveau:* elle indique la différence d'altitude entre deux courbes successives.

20- *L'échelle de conversion des altitudes:* elle indique les équivalences entre le système de mesure anglaise et le système de mesure métrique.

21- *Les degrés de latitude et de longitude:* données permettant d'établir la localisation d'un point à la surface de la Terre.

22- *Les cotes en mètres du quadrillage:* font partie du système de coordonnées topographiques (voir 13) permettant la localisation d'un point à l'intérieur d'une zone de projection.

Les signes conventionnels

Un dessinateur de cartes tente, grâce à un assortiment de couleurs et de symboles, de reproduire sur papier, avec la plus grande précision possible, le maximum de détails que l'on puisse retrouver sur le terrain. Ces couleurs et ces symboles sont les signes conventionnels.

Lorsqu'ils représentent de grandes étendues, ils sont généralement à l'échelle de la carte. Mais, lorsque le détail est trop petit, telle la largeur d'une route par exemple, il est représenté par une exagération de la dimension réelle.

Les couleurs:

— le vert = les zones boisées
— le blanc = les zones non boisées
— la trame rouge = les agglomérations (voir la ville de Maniwaki)
— le brun = le relief
— le rouge et l'orange = le réseau routier
— le noir = les constructions, les limites territoriales, les sentiers et les chemins forestiers
— le mauve = les corrections

Tous les signes conventionnels pouvant être utilisés sont généralement imprimés à l'endos de la carte (pho. 1). Pour la majorité des autres types de cartes, les signes conventionnels utilisés sont imprimés dans la zone marginale.

N.B.: Tous les bâtiments sont représentés dans les limites des possibilités graphiques. Tous les lacs sont représentés à partir de la dimension minimale de 21 mètres et les carrières à partir de la dimension minimale de 122 mètres.

COMMENT PLIER UNE CARTE

Vous est-il déjà arrivé de vous battre dans votre auto contre une carte routière? ... Probablement que oui...

Pourtant, il est si facile de plier une carte de façon à l'utiliser section par section comme un livre (pho. 2).

D'ailleurs, la meilleure façon de conserver et de protéger une carte en la rendant utile et fonctionnelle, se résume à un pliage adéquat et à son insertion dans un étui étanche ou dans un simple sac de plastique.

Pour obtenir ce pliage adéquat il suffit de:
1- plier la carte en 2 dans le sens de la longueur
2- et la plier en 8 sections (forme d'accordéon) sur la largeur (pho. 3).

Je plie mes cartes toujours de façon à avoir le numéro de la carte (tableau d'assemblage), sur le dessus. Je peux alors les classer dans un ordre numérique et ainsi, à l'aide de la carte index, retrouver facilement celle qui représente le territoire où je désire me rendre.

LA CARTE INDEX (pho. 4)

Selon le système de référence cartographique du Canada, le pays se divise en quadrilatères primaires numérotés qui mesurent chacun 4 degrés de latitude et 8 degrés de longitude. Les limites et l'identification des cartes 1/500 000, 1/250 000, 1/125 000, 1/50 000 et 1/25 000 découlent de la subdivision de chaque quadrilatère primaire.

À l'aide d'une carte index vous pouvez observer qu'un quadrilatère primaire désigne:

— 4 cartes de la série 1/500 000. Elles portent le numéro du quadrilatère suivi de sa position à l'intérieur de celui-ci (N.-E., S.-E., S.-O. et N.-O.). (Ex. 31N.-E.).
— 16 cartes de la série 1/250 000. Elles portent le numéro du quadrilatère suivi d'une lettre majuscule (de A à P). (Ex. 31-J). Il faut 4 cartes au 1/250 000 pour couvrir le même territoire compris dans une carte au 1/500 000.
— 256 cartes de la série 1/50 000. Elles portent le numéro de la série au 1/250 000 suivi d'un chiffre (1 à 16). (Ex. 31-J-5). Il faut 16 cartes au 1/50 000 pour couvrir le territoire compris dans une carte au 1/250 000.
— Théoriquement, 1 024 cartes de la série 1/25 000. Elles ne sont publiées que sur demande, elles portent le numéro de la série 1/50 000 suivi d'une lettre minuscule (de a à h). (Ex. 31-J-5-a). Il faut 8 cartes au 1/25 000 pour couvrir le même territoire compris dans une carte au 1/50 000.

SIGNES CONVENTIONNELS

(Noir à moins d'indication contraire)

Route à deux chaussées séparées	Rouge
Route pavée, toutes saisons, plus de 2 voies	Rouge
Route pavée, toutes saisons, 2 voies	Rouge
Route pavée, toutes saisons, moins de 2 voies	Rouge
Route de gravier ou surface durcie, toutes saisons, 2 voies ou plus	Orange
Route de gravier ou surface durcie, toutes saisons, moins de 2 voies	Orange
Route de gravier, temps sec ou rues hors classe	Orange
Chemin de terre ou d'hiver	
Sentier, percée ou portage	
Route en construction	Orange ou rouge
Échangeur avec numéro; rond-point (42)	Rouge
Signalisation routière (5)	Orange ou rouge
Agglomération	Trame rouge
Chemin de fer, voie unique	
Chemin de fer, voies multiples	
Chemin de fer, voie étroite	
Chemin de fer désaffecté	

pho. 1

SIGNES CONVENTIONNELS À L'ENDOS DE LA CARTE

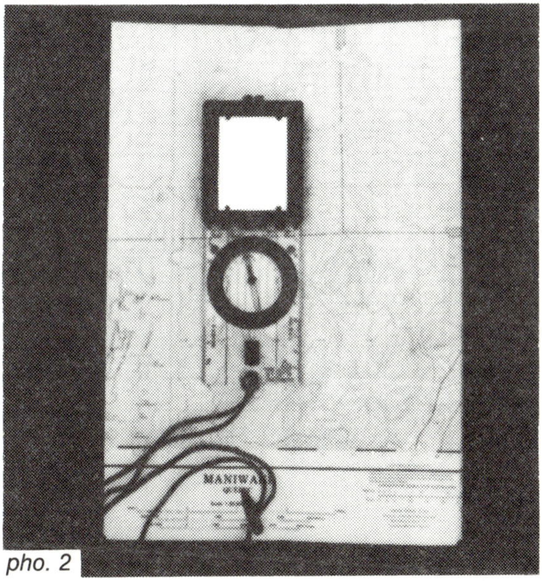

pho. 2

UTILISATION DE LA CARTE SECTION PAR SECTION

pho. 3

PLIAGE D'UNE CARTE

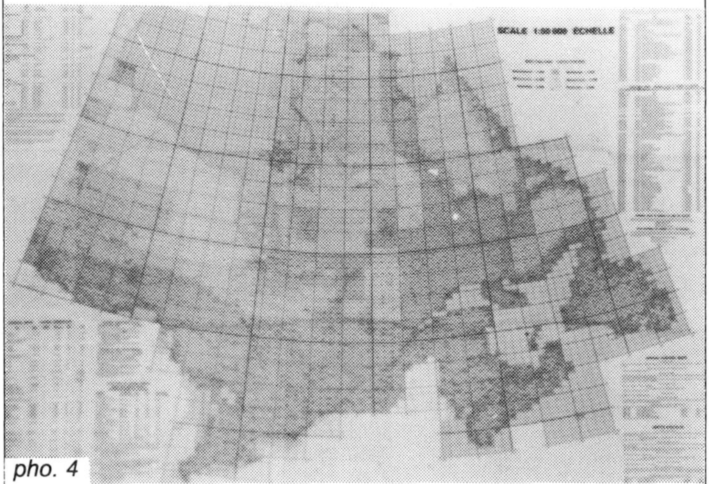

pho. 4

LA CARTE INDEX

LES ÉCHELLES

Une échelle est tout simplement le rapport entre la dimension réelle d'un projet ou d'une portion de terrain et la représentation que l'on en fait sur papier ou sous forme de maquette.

Exemple: vous voulez faire une reproduction réduite de votre maison. Vous désirez que votre maquette soit 25 fois plus petite que votre maison, l'échelle sera alors de 1/25.

Un centimètre (cm) sur votre maquette représente 25 cm de votre maison. Il en va de même avec une carte. Une échelle de 1/50 000 veut dire que toutes proportions gardées, la carte est 50 000 fois plus petite que la portion de terrain qu'elle représente... C'est une fraction (1/50 000).

En l'occurrence, 1 cm sur la carte représente 50 000 cm sur le terrain.

2 cm sur la carte représentent 100 000 cm sur le terrain... Et ainsi de suite.

De même, avec le système anglais...

1 pouce sur la carte représente 50 000 pouces sur le terrain.

1 pied sur la carte représente 50 000 pieds sur le terrain.

À partir de cette connaissance de base, il est facile de définir la longueur d'un kilomètre sur une carte à l'échelle de 1/50 000...

Nous savons tous qu'un kilomètre vaut 1 000 mètres et qu'un mètre vaut 100 cm. Ce qui veut dire que 1 km = 100 000 cm.

Nous savons également que 1 cm sur la carte représente 50 000 cm sur le terrain:

donc, simple «règle de trois»:

$$\text{si } 1 = 50\,000$$
$$\text{et } x = 100\,000$$
$$\text{alors } x = 2$$

Par conséquent, 1 km ou 100 000 cm sur le terrain = 2 cm sur notre carte.

Vous préférez faire vos calculs avec le système de mesures anglaises. C'est-à-dire connaître la longueur (en pouces), de 1 mille sur une carte à l'échelle de 1/50 000...

Nous savons que 1 mille vaut 5 280 pieds et que 1 pied vaut 12 pouces. Ce qui veut dire que 1 mille = (5 280 × 12) ou 63 360 pouces.

Nous savons également que 1 pouce sur la carte représente 50 000 pouces sur le terrain.

Encore, une simple règle de trois:

si 1 = 50 000
et x = 63 360
alors x = 1,27

Par conséquent, 1 mille sur le terrain = 1,27 pouce sur notre carte.

N.B.: Il est plus facile de travailler sur les cartes en se servant du système métrique qu'en utilisant le système anglais. D'ailleurs, le système métrique étant notre système officiel, nous n'utiliserons dorénavant que ses unités de mesures.

Comment mesurer une distance sur une carte à l'aide de l'échelle graphique

En vous servant de votre carte exemple... vous désirez partir de l'école située à l'intersection près du pont de la rivière Gatineau à Maniwaki, et de là, vous rendre au lac de la Barbotte, pour ensuite poursuivre votre périple jusqu'au lac Lannegan. La distance à parcourir est simple à calculer. Il vous suffit de prendre une feuille de papier et de faire un trait vis-à-vis de l'école, le lac de la Barbotte, et, en tournant la feuille le long de l'autre partie du trajet, vis-à-vis du lac Lannegan (pho. 5). Ensuite il s'agit de reporter cette feuille ainsi marquée aux échelles graphiques que l'on retrouve au bas de la carte. La distance totale à parcourir dans ce cas-ci sera d'environ 4,5 km (pho. 6).

Les grandes, moyennes et petites échelles

Une échelle de 1/50 000 est une échelle beaucoup plus grande qu'une échelle de 1/250 000. Elle est 5 fois plus grande sur une distance linéaire et 25 fois plus grande en superficie (5^2).

Petite échelle: 1/600 000 et plus petite.
Moyenne échelle: plus grande que 1/600 000 mais plus petite que 1/75 000.
Grande échelle: 1/75 000 et plus grande.

Que faire lorsque vous disposez d'une carte dont l'échelle n'est pas indiquée?...

Il y a trois solutions courantes:

1- comparer avec une autre carte;
2- comparer les distances entre 2 points spécifiques sur la carte et les mêmes points sur le terrain;
3- se servir des minutes de latitude.

1- Comparaison avec une autre échelle:

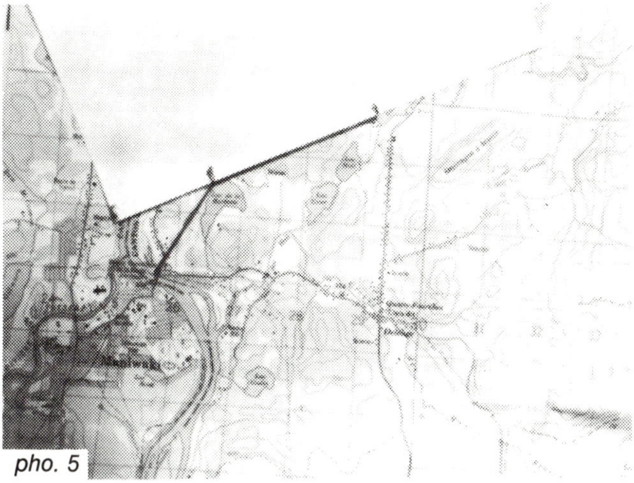

pho. 5

UN TRAJET À MESURER

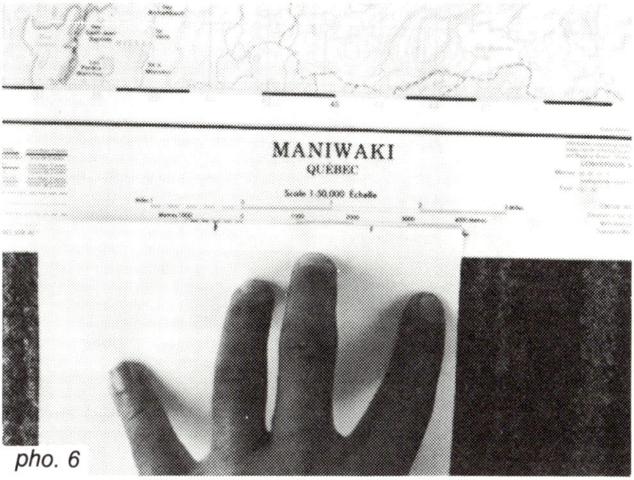

pho. 6

LA DISTANCE MESURÉE

Supposons que la distance entre les points A et B (pho. 7) (représentant un bout de chemin près du lac Evans au nord de Maniwaki) soit de 5 cm sur votre carte à échelle inconnue et que votre carte au 1/50 000 vous donne 2 cm pour la même distance entre les mêmes points.

A ________________________________ B = 5 cm = Échelle inconnue
A ____________ B = 2 cm = Échelle 1/50 000

Au premier coup d'oeil, il est évident que l'échelle inconnue est plus grande que notre échelle 1/50 000. De combien?... De 5 cm / 2 cm = 2 1/2 fois.

L'échelle inconnue (ou x) est 2 1/2 fois plus grande qu'une échelle 1/50 000.

x = 2 1/2 × 1/50 000
x = 5/2 × 1/50 000
x = 5/100 000
x = 1/20 000

Réponse: Échelle 1/20 000.

2– Comparaison avec les distances sur le terrain.

Après l'avoir mesurée à l'aide de l'odomètre de votre voiture, vous savez que la distance entre les points A et B est de 1 000 mètres (ou 1 km).

Sur votre carte exemple (en supposant que vous n'en connaissiez pas l'échelle), vous mesurez 2 cm pour représenter cette distance.

si 2 cm = 100 000 cm
(1 000 mètres × 100 cm)
alors 1 cm = x
Règle de trois 2 = 100 000
1 = x
50 000 = x

donc une échelle de 1/50 000.

3– En mesurant les latitudes (voir *La latitude*).

N'importe où sur la Terre, un degré de latitude donne 69 milles ou 111 kilomètres.

Une minute est le 1/60 de 1 degré, ce qui équivaut à 1,15 mille ou 1,85 kilomètre.

Sur la carte exemple, une minute de latitude est égale à 1 7/16 pouce ou 3,7 cm (pho. 8).

Pour connaître l'échelle de notre carte:

3,7 cm = 1,85 km (ou 1 minute)
1 cm = x
x = 0,5 km (ou 50 000 cm)

soit une échelle 1/50 000

pho. 7

LA DISTANCE ENTRE A & B

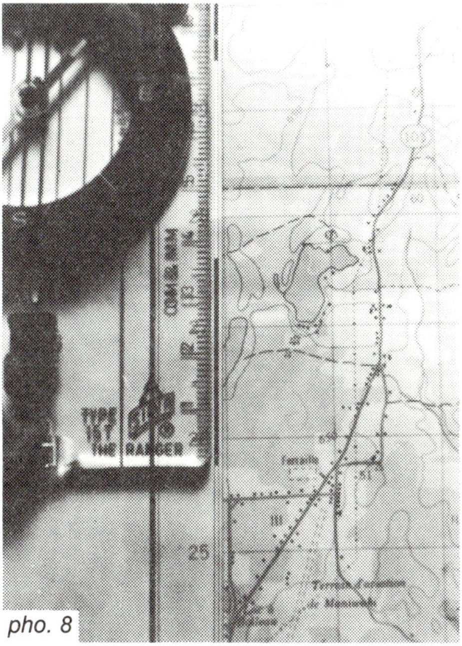

pho. 8

UNE MINUTE
DE LATITUDE
MESURE
3,7 cm

LA LATITUDE ET LA LONGITUDE

La latitude

D'après le dictionnaire Quillet de la langue française: «Latitude d'un lieu, angle que fait la verticale de ce lieu avec le plan de l'équateur. Cet angle varie suivant la position du lieu de 0 degré à 90 degrés à partir de l'équateur. La latitude est dite «Nord» pour l'hémisphère Nord et «Sud» pour l'hémisphère Sud.» (fig. 2 et 3).

En vous basant sur la carte exemple (côté Ouest ou côté Est) vous pouvez voir dans le sens vertical, une alternance de traits noirs et blancs. Chacun d'eux représente une minute de latitude, il en faut soixante pour faire un degré.

N.B.: La représentation du nombre de minutes ou du nombre de degrés dépend de l'échelle de la carte. Ainsi, sur une carte à l'échelle 1/250 000, chaque trait noir ou blanc représente 5 minutes. (Même principe pour la longitude).

Puisque le Québec est situé dans l'hémisphère Nord (au nord de l'équateur) chacune de ces latitudes est une latitude NORD.

Si vous tracez une ligne partant de 46° 25′ à «l'ouest» de la carte jusqu'au 46° 25′ à «l'est» de la carte, chacun des points situés sur cette ligne se trouverait au «46° 25′ de latitude NORD» (pho. 9).

La longitude

D'après le dictionnaire Quillet de la langue française: «Longitude d'un lieu, angle que fait le plan méridien de ce lieu avec le plan du méridien origine (méridien de Greenwich). Elle se mesure de 0 degré à 180 degrés vers l'est ou vers l'ouest à partir du méridien d'origine» (fig. 2 et 3).

En vous basant sur la carte exemple (côté Nord ou côté Sud), vous pouvez voir sur le sens horizontal, une alternance de traits noirs et blancs. Chacun d'eux représente une minute de longitude. Tout comme pour la latitude, il en faut 60 pour faire un degré.

Puisque le Québec est situé à l'ouest de Greenwich, chacune de ces longitudes est une longitude OUEST.

Si vous traciez une ligne partant du 75° 55′ au «nord» de la carte jusqu'au 75° 55′ au «sud» de la carte, chacun des points situés sur cette ligne se trouverait au «75° 55′ de longitude OUEST» (pho. 9).

À partir des latitudes et des longitudes (ordonnées et abscisses), il est donc possible de déterminer la position d'un endroit (pho. 9).

LA LATITUDE ET LA LONGITUDE

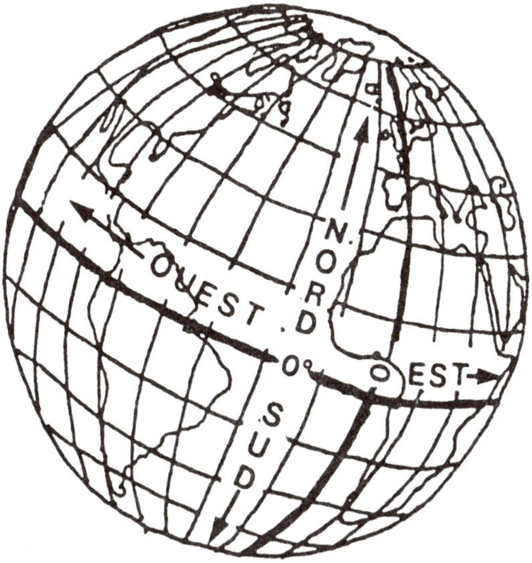

fig. 2

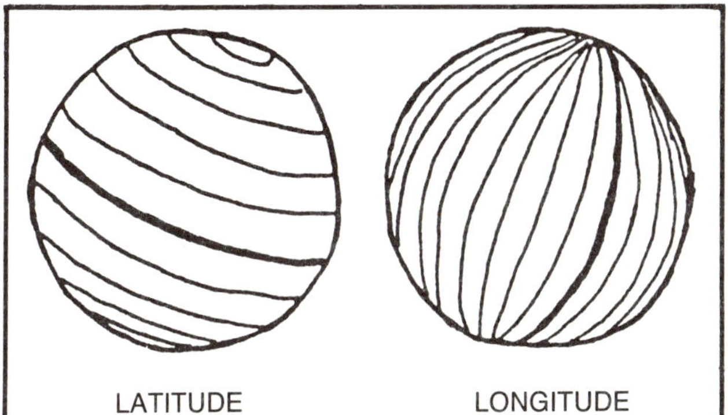

fig. 3

Avec une latitude de 46° 25′ Nord et une longitude de 75° 55′ Ouest, nous venons de déterminer la position approximative du lac Lannegan (pho. 9).

Exemples: (à faire à l'aide de la carte)

a) Latitude 46° 20′ N.
Longitude 75° 35′ O.
Position approximative du «lac à la Truite».

b) Latitude 46° 29′ N.
Longitude 75° 43′ O.
Position approximative du «Petit lac de Travers».

Il est possible d'ajouter de la précision à nos coordonnées. Puisqu'une minute équivaut à 60 secondes (60″), il ne s'agit que de subdiviser chacun des traits noirs ou blancs. Ainsi le quart représente 15″, le centre représente 30″ et les trois quarts représentent 45″, etc.

Exemples: (à faire à l'aide de la carte)
Ainsi:

c) Latitude 46° 19′ 15″ N.
Longitude 75° 46′ 30″ O.
Position de la bordure nord du «lac Ambroise».

d) Latitude 46° 19′ 45″ N.
Longitude 75° 42′ 05′ O.
Position du «lac à Jimmy».

LES COORDONNÉES TOPOGRAPHIQUES

Quadrillage: le quadrillage bleu recouvrant les cartes topographiques a ses lignes orientées NORD — SUD et EST — OUEST, et chacune d'elles porte un numéro (de 00 à 99). Tous les petits carrés bleus de votre carte ont 1 000 mètres de côté. Le trait à chaque dizaine est plus gras. Ce qui donne de gros carrés de 10 000 mètres de côté. (Étudiez votre carte).

Les coordonnées d'un point sont l'ensemble de deux valeurs (verticale et horizontale) (ordonnée et abscisse), au moyen desquelles on localise un point quelconque.

N.B.: Même si le principe pour déterminer un point par coordonnées topographiques est toujours le même, la numérotation et la dimension des quadrillages utilisés à cette fin varient en fonction de l'échelle et du type de cartes. Ici, n'oubliez pas que nous utilisons comme modèle, la carte du gouvernement fédéral à l'échelle de 1/50 000.

Coordonnées d'un point à quatre chiffres

Exemple: Le lac Gendron au nord-ouest de Maniwaki (pho. 10).

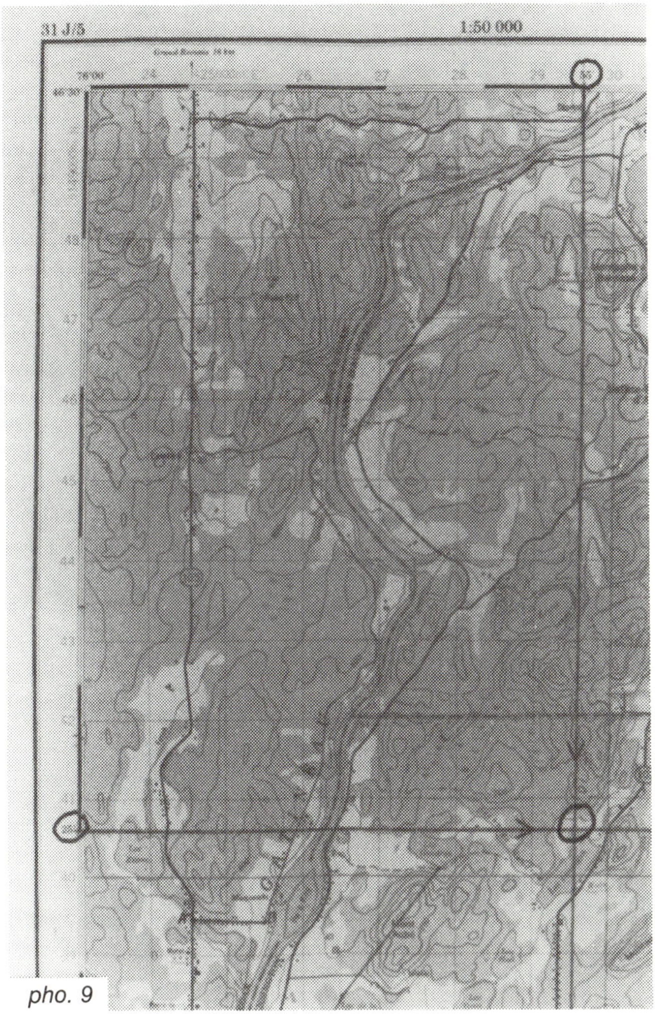

pho. 9

46° 25′ de LATITUDE NORD et
75° 55′ de LONGITUDE OUEST

1re étape: Trouver la ligne verticale immédiatement à gauche de notre point (le lac), ainsi que son numéro (27). (Détermine la position horizontale: «l'abscisse»).
2e étape: Trouver la ligne horizontale immédiatement en dessous de notre point ainsi que son numéro (40). (Détermine la position verticale: «l'ordonnée»).

Les coordonnées topographiques (à quatre chiffres) du lac Gendron sont 2740.

Pour résumer: Lorsque nous voulons donner les coordonnées à quatre chiffres d'un carré, il s'agit d'en fournir les coordonnées du coin SUD — OUEST.

Coordonnées d'un point à six chiffres

Pour donner la position du lac Gendron, les coordonnées à quatre chiffres sont suffisantes, mais si vous voulez situer précisément une maison, un îlot, une portion de chemin, un pont, etc., les coordonnées à 4 chiffres sont inadéquates car elles peuvent porter à confusion. Alors, il faudra utiliser six chiffres.

Situons exactement l'hôpital de Maniwaki (pho. 11).

1re étape: Trouver la ligne verticale immédiatement à gauche de l'hôpital ainsi que son numéro (24). Mais l'hôpital se situe à environ 0,7 unité de notre verticale. La position verticale est donc (24,7).
2e étape: Trouver la ligne horizontale immédiatement en dessous de l'hôpital ainsi que son numéro (37). Mais l'hôpital se situe à environ 700 mètres au nord de cette ligne ou à 0,7 unité de notre horizontale. La position est donc de (37,7).

La position à six chiffres de l'hôpital est 247377.

N.B.: Si elle était située exactement sur la verticale 24, cela aurait donné 240377.

Équerre

Au lieu d'évaluer «approximativement» un point quelconque, on peut utiliser une équerre pour préciser sa position.

On peut fabriquer cette équerre, en se servant d'un point d'une feuille de papier et en se basant sur l'échelle graphique métrique que l'on retrouve au bas de la carte, pour la diviser en 10 unités en abscisse et 10 unités en ordonnée (représentant ici 100 mètres par unité).

Exemple: Pour situer exactement l'hôpital de Maniwaki (pho. 12).

Report d'un point par ses coordonnées

Vous voulez aller pique-niquer au point 394265.

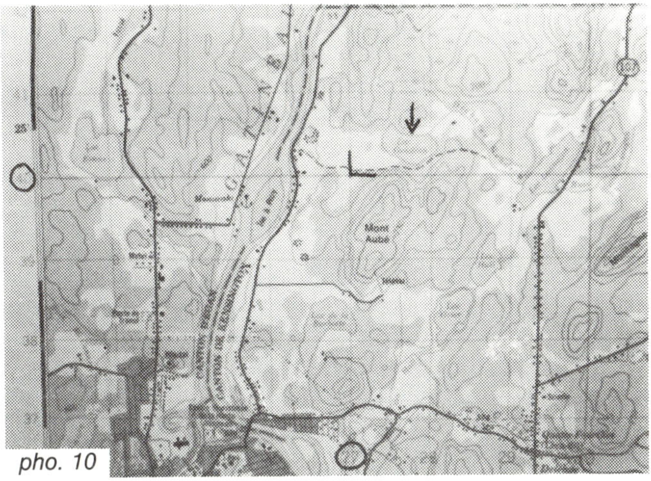

pho. 10

COORDONNÉES (à quatre chiffres)
DU LAC GENDRON (2740)

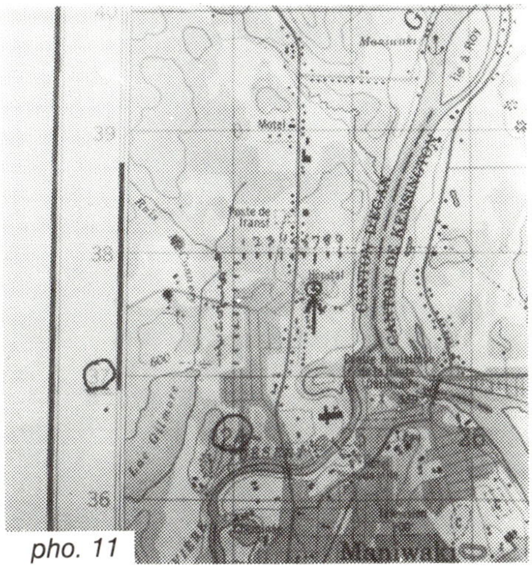

pho. 11

COORDONNÉES (à six chiffres)
DE L'HÔPITAL DE MANIWAKI (247377)

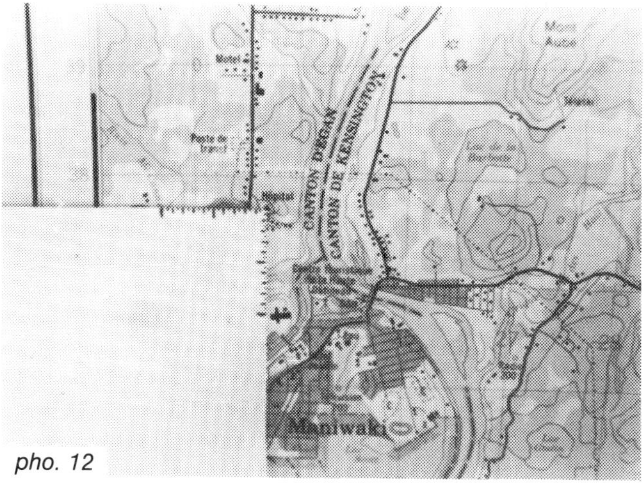

pho. 12

L'UTILISATION D'UNE ÉQUERRE
(247377)

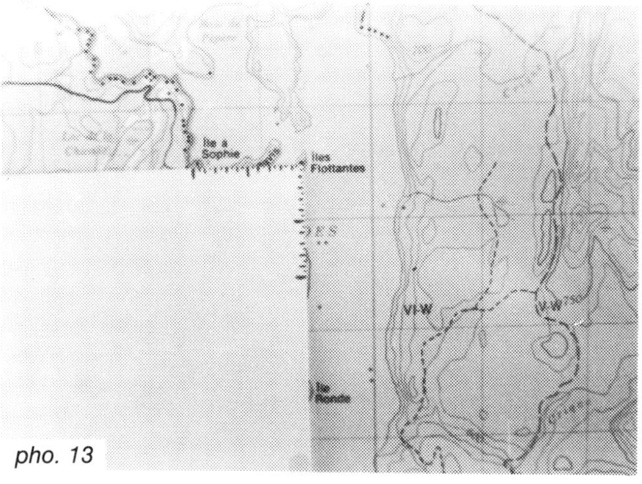

pho. 13

LES ÎLES FLOTTANTES
(394265)

394\265
394 = la verticale
(déterminant la position horizontale: «l'abscisse.)
265 = l'horizontale
(déterminant la position verticale: «l'ordonnée».)

Les deux premiers chiffres dans chacune des coordonnées indiquent le numéro de la ligne du quadrillage et l'autre, la décimale.

Vous devrez utiliser un canot pour atteindre le lieu de votre pique-nique, car il aura lieu aux «îles Flottantes» dans le «lac des Trente et Un Milles» (pho. 13).

Coordonnées à huit chiffres

Pour établir des coordonnées à huit chiffres, il suffit tout simplement d'ajouter une décimale. C'est-à-dire, de diviser en 10 chaque unité de 100 mètres.

Position dans le dernier exemple: Le centre de la grosse île des îles Flottantes: 39362649 (pho. 13). (Précision aux 10 mètres près).

LES FORMES DE TERRAIN

Les courbes de niveau servent à représenter les formes de terrain (le relief), grâce à elles, les hauteurs peuvent être «lues» sur la carte. Sur notre type de carte, les courbes sont indiquées par les lignes brunes. Il y a cinquante pieds de dénivellation de l'une à l'autre. (*N.B.:* dans le format de carte que nous utilisons, les équidistances sont encore en système anglais: — «en pieds».) Une échelle de conversion et un rappel des équidistances sont imprimés dans la marge de la carte (page 9 point 20 ou pho. 14). Chaque élévation est calculée précisément à partir du niveau de la mer. Vous remarquerez qu'à tous les 250 pieds la ligne des équidistances est plus foncée: c'est un repère servant à éliminer certaines confusions pouvant être occasionnées par l'enchevêtrement des courbes. Vous remarquerez également que ces lignes indiquent souvent l'élévation et que les chiffres sont placés dans le même sens que la montée.

Puisqu'un dessin vaut mille mots, regardez la (fig. 4), qui est une représentation schématique d'un profil de montagne. La (fig. 5) est une représentation schématique de courbes de niveau «de dépression» (un trou).

LA DÉCLINAISON MAGNÉTIQUE

Il y a trois sortes de nord: le nord géographique (ou astronomique; généralement, on ne fait pas la différence entre les

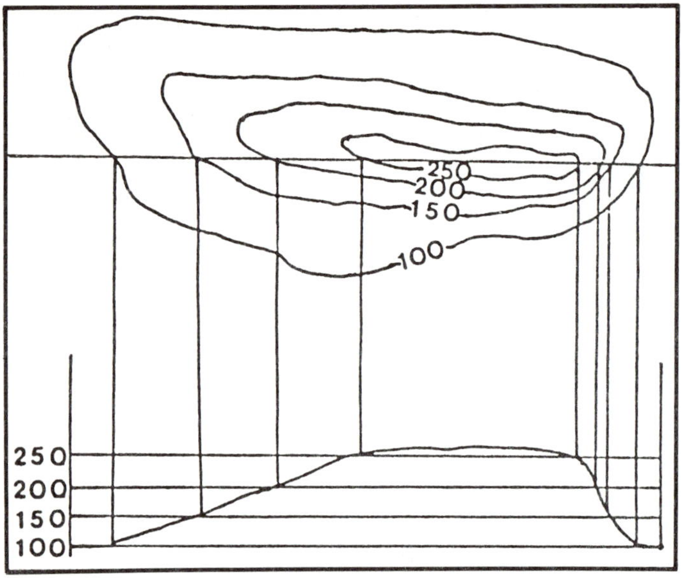

PROFIL D'UNE MONTAGNE
fig. 4

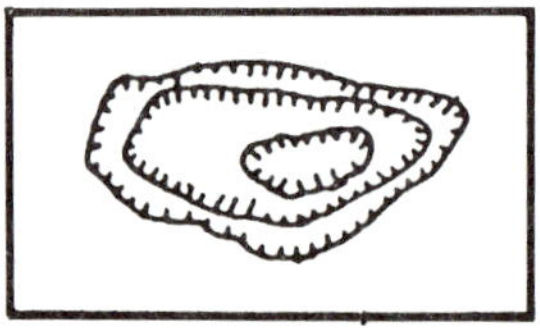

COURBES DE NIVEAU DE «DÉPRESSION»
fig. 5

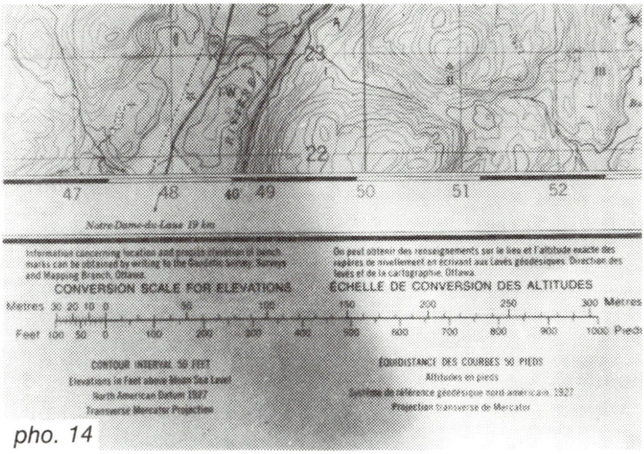

pho. 14

ÉCHELLE DE CONVERSION

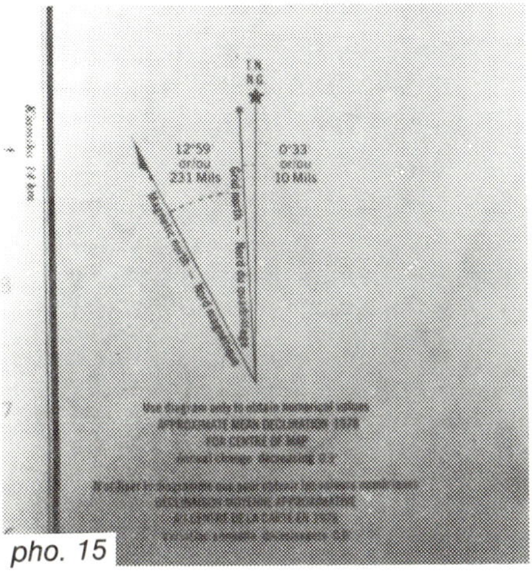

pho. 15

LA DÉCLINAISON MAGNÉTIQUE

deux), le nord du quadrillage de la carte et le nord magnétique.

— Le nord astronomique est représenté par l'étoile Polaire tandis que le nord géographique est le pôle Nord, il n'y a pratiquement aucune différence d'angle entre le nord géographique et le nord astronomique. L'étoile Polaire est une étoile qui semble toujours fixe. En réalité, ce ne sont pas les autres étoiles qui se déplacent mais la terre qui tourne sur un axe constitué par ses 2 pôles. Vers le nord, cet axe pointe toujours la même étoile qui, en l'occurrence, est l'étoile Polaire (fig. 6)[1].

— Le nord du quadrillage de la carte (qui est variable d'une carte à l'autre) et le nord géographique sont sensiblement les mêmes à quelques minutes (ou parfois degrés) près. L'angle que le nord du quadrillage forme avec le nord géographique se nomme: «Angle de convergence».

— Le nord magnétique est celui qui attire l'aiguille d'une boussole. Puisque ce nord se situe actuellement à quelque 1 500 km au sud du pôle Nord, il est alors compréhensible que dépendamment de l'endroit où on est situé sur la Terre, un angle de grandeur variable est décrit entre la direction que pointe l'aiguille aimantée de notre boussole et la direction qu'il faudrait prendre pour se rendre directement au pôle Nord. Cet angle est la déclinaison magnétique. La (fig. 7) représente, pour le Canada, la carte des courbes magnétiques (déclinaison «EST» ou «OUEST».

À quoi est due l'influence magnétique du «Nord magnétique»?

L'influence magnétique du «Nord magnétique» est due à des courants électriques circulant dans le noyau semi-liquide de la Terre. L'intensité de ces courants varie et par conséquent entraîne un lent déplacement du pôle magnétique. Ce dernier parcourt environ 10 km vers le nord chaque année. C'est en 1831 que pour la première fois, le nord magnétique fut exactement déterminé. À cette époque, il était à 600 km au sud de sa position actuelle. Aujourd'hui, il est situé entre l'île de Bathurst et celle du Roi Christian à 350 km au nord-ouest de Resolute Bay.

N.B.: Sur une bonne carte, la déclinaison et les détails qui lui sont relatifs (année où fut établie la carte; croissance ou décroissance de la déclinaison, etc.) sont inscrits (pho. 15). Sur

---

[1] L'étoile Polaire n'a pas toujours été la même et elle ne le sera pas toujours. L'axe de la Terre modifie peu à peu sa direction. Il y a plusieurs millénaires, c'était «Thubon» qui était au-dessus des pôles et dans quelque 12 000 ans ce sera «Véga», l'étoile à l'éclat blanc bleuté.

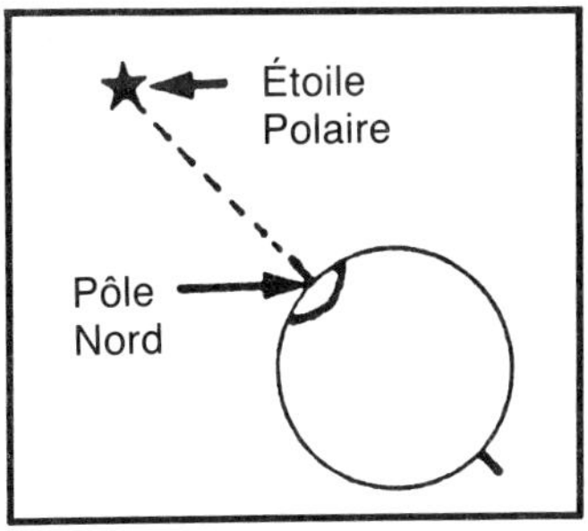

L'ÉTOILE POLAIRE
fig. 6

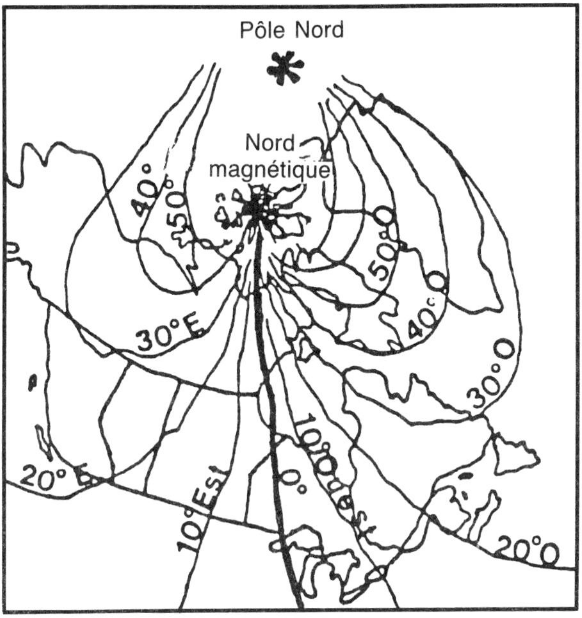

CARTE DES COURBES MAGNÉTIQUES
fig. 7

une carte de format identique à celle que nous utilisons, la déclinaison est *toujours calculée en fonction du nord du quadrillage.*

Sur votre carte, la déclinaison est de 12° 59′ ouest. La carte fut établie en 1978 et la déclinaison décroît de 0,9 minute par année. Par conséquent, en 1988, nous avons donc une déclinaison de 12° 50′ ouest.

(Les lignes qui suivent vous paraîtront d'abord ambiguës, mais tout en poursuivant votre lecture, vous constaterez qu'elles vous ont éclairés.)

Imaginons que la direction à suivre soit un azimut de 360° ou 0°, c'est-à-dire la direction pour aller vers le nord géographique. Notre déclinaison magnétique est de 13° (puisque avec la boussole nous ne pouvons pas lire les minutes, nous arrondirons au degré le plus près ; dans ce cas-ci : 13°). Cette déclinaison est OUEST, alors il faut l'ajouter à notre azimut géographique de 360° (ou 0°) (calculée sur la carte). On obtient donc un azimut *magnétique* de 13° (pho. 16). C'est avec ce degré corrigé que nous nous dirigerons en forêt avec la boussole... Mais attention ! ceux qui ont une boussole munie d'une vis d'ajustement pour la déclinaison (telle la « SYLVA » à miroir modèle 15T ou 15TD) pourront se servir de cette dernière de façon à ce que la flèche d'orientation imprimée dans le fond du boîtier se déplace de 13° vers l'OUEST, (pho. 17), ce qui peut donner l'impression de soustraire la déclinaison, mais en réalité vous agrandissez l'angle de marche sans déplacer la rose des vents de la boussole qui continue à indiquer le même angle que votre azimut géographique (soit 360° dans ce cas-ci). Vous marcherez donc sur l'azimut (géographique) de 360° mais avec une allonge corrective de 13° vers l'ouest, allonge qui représente la déclinaison magnétique.

Un autre exemple : Vous calculez sur la carte un azimut de 75°. Avec une boussole « conventionnelle » votre azimut de marche (azimut magnétique) sera de 88°. Avec une boussole « ajustable » sur laquelle la déclinaison est corrigée, l'azimut de marche demeure à 75° (soit l'azimut géographique).

Ainsi, lorsque la déclinaison est OUEST, vous allongez votre angle de marche du nombre de degrés représentant la déclinaison. Au Québec, la déclinaison est toujours OUEST.

Ainsi, lorsque vous êtes dans un endroit où la déclinaison est EST, vous diminuez votre angle de marche du nombre de degrés représentant la déclinaison.

Comment déterminer un azimut (ou angle de marche, ou bearing, etc.)

L'azimut est tout simplement l'angle formé entre la droite

SUD — NORD et la droite formée par un point de départ et un point d'arrivée. Il peut varier de 0° à 360°.

À l'aide d'un rapporteur d'angle, il est donc facile de trouver l'angle représentant l'azimut géographique qu'il faut suivre pour atteindre l'endroit où nous voulons aller.

Sur la photo (pho. 18), nous voyons 2 angles de parcours, (le A et le B) calculés à l'aide d'un rapporteur d'angle.

Remarquez que les droites ayant servi de base pour pouvoir calculer les angles de nos directions font partie des lignes bleues du quadrillage.

Faisons un trajet sur notre carte échantillon

Notre trajet a comme point de départ le point 504329 (un petit pont situé près du lac Des Ours), et notre premier objectif est le point 488336 (le lac Duguay). Avec le rapporteur d'angle:

1- Tracer une faible ligne dans l'axe reliant le pont et le lac Duguay.
2- Mettre le rapporteur parallèle à une ligne NORD — SUD du quadrillage et placer le point central du rapporteur sur la ligne tracée.
3- Prendre le degré correspondant (293°) (pho. 19).

Du lac Duguay, on doit se rendre au lac Sport (l'azimut sera de 243°) et ensuite revenir au point de départ à 81°.

N.B.: N'oubliez pas que ces azimuts sont géographiques. Sur une boussole qui ne possède pas de vis d'ajustement pour la déclinaison, la correction devra se faire sur le terrain en ajoutant la déclinaison magnétique de la carte (dans ce cas-ci 13°).

LA BOUSSOLE

Elle fut inventée vers l'an 2500 avant Jésus-Christ par un Chinois. Même si le principe de base est resté le même, on peut retrouver à l'heure actuelle sur le marché, des instruments très précis et de très haute qualité.

Les qualités d'une bonne boussole:

1- Les parties rotatives doivent flotter dans l'huile (varnoline) et être protégées par un boîtier solide.
2- La boussole devrait pouvoir être utilisée la nuit. Elle devra alors être munie de signes phosphorescents.
3- La base sera faite de plastique transparent comportant des unités de mesures (cm et/ou pouces).

pho. 16

AZIMUT MAGNÉTIQUE DE 13°
(ou azimut géographique de 0°)

pho. 17

AZIMUT GÉOGRAPHIQUE DE 0°
(ou azimut magnétique de 13°)

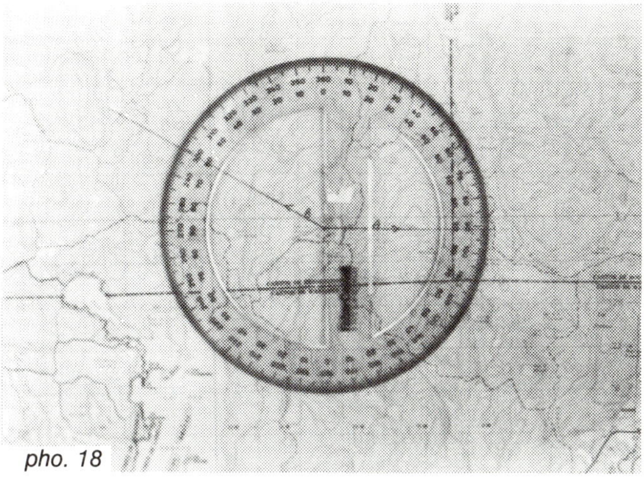

pho. 18

AZIMUTS À L'AIDE D'UN RAPPORTEUR D'ANGLE

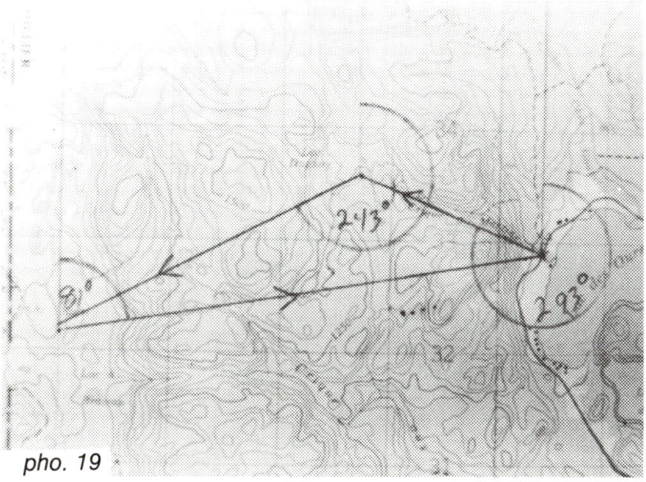

pho. 19

UN TRAJET

Description de la boussole «Sylva Type 15 Ranger»

C'est une boussole très précise et à mon avis une des meilleures boussoles de poche sur le marché.

Les trois parties composant la boussole (pho. 20).

A = Le boîtier: pour identifier les angles.
B = La base: pour mesurer des distances, tracer des lignes; combinée avec le boîtier, elle permet la lecture des angles sur une carte.
C = Le couvercle: combiné avec les autres parties, il permet de prendre des visées sur le terrain.

A — Le boîtier (pho. 21)

1. la graduation en degrés
2. la rose des vents
3. les points d'orientation lumineux
4. la vis d'ajustement de la déclinaison magnétique
5. l'aiguille aimantée
6. la flèche d'orientation
7. les lignes
8. l'échelle de la déclinaison magnétique.

N.B.: L'intérieur du boîtier est rempli d'une huile qui ne gèle pas (Varnoline).

B — La base (pho. 21)

9. le pointeur lumineux
10. l'encoche lumineuse
11. l'échelle graduée en centimètres
12. l'échelle graduée en 1/10 de pouce
13. le fermoir
14. le cordon
15. le tournevis
16. la demi-penture
17. les ventouses.

C — Le couvercle (pho. 21)

18. le miroir
19. la ligne de visée
20. la mire
21. les encoches d'ouverture
22. la demi-penture.

Son utilisation

Comme vous l'avez sûrement constaté, la rose des vents de la boussole est divisée en 360 degrés. 0° (ou 360°) est le point «NORD»; 90° le point «EST»; 180° le point «SUD»; 270° le point «OUEST».

LA BOUSSOLE

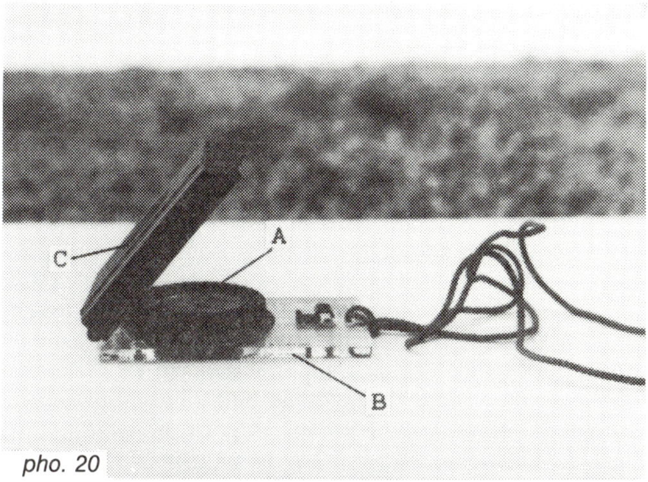

pho. 20

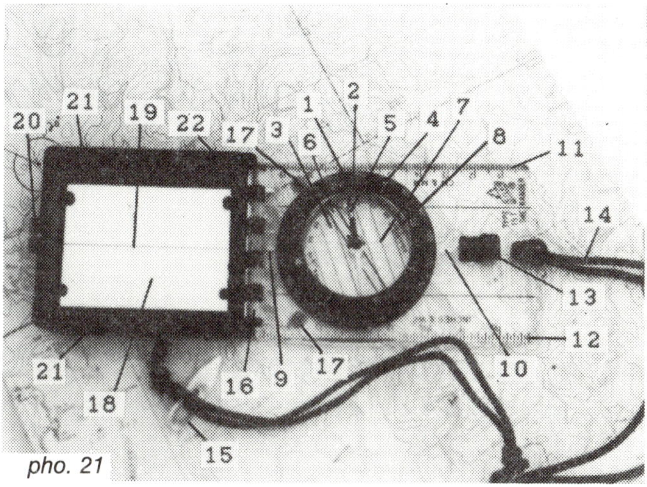

pho. 21

Le NORD, le SUD, l'EST et l'OUEST sont (comme pour une carte) les quatre points de référence d'une boussole. (Points cardinaux).

N.B. : Certaines boussoles sont divisées en «MILS». Il faut 17,8 mils pour équivaloir à un degré, soit 6 400 «mils» au lieu de 360°.

L'utilisation de la boussole en guise de rapporteur (pho. 22)

1- Placer la bordure gauche ou droite de la boussole le long du trajet dont vous voulez connaître l'azimut, en prenant bien soin que la ligne de visée pointe dans le même sens que le trajet lui-même.

2- Faire tourner le boîtier de la boussole, jusqu'à ce que les lignes d'orientation soient parallèles aux lignes du quadrillage et que le point «NORD» de la rose des vents soit dirigé vers le nord du quadrillage. À ce moment, il ne reste plus qu'à faire la lecture vis-à-vis le pointeur lumineux. *N.B. :* La boussole nous sert à ce moment de rapporteur d'angle. On ne doit absolument pas tenir compte de l'aiguille aimantée.

Il existe différentes façons de prendre un azimut sur une carte. À mon avis, celle-ci est la plus simple, la plus rapide et la plus exacte.

Refaites le parcours, que nous avions calculé au rapporteur d'angle précédemment, cette fois-ci, en vous servant de votre boussole. De plus, calculez la distance en KM de chaque section du parcours en vous servant des échelles de mesure de votre boussole.

Vous devriez trouver:

du «lac des Ours» au «lac Duguay»
293° et 1,8 km
du «lac Duguay» au «lac Sport»
243° et 3,1 km
du «lac Sport» au «lac des Ours»
81° et 4,5 km

Comment utiliser la boussole (et la carte) pour exécuter un trajet quelconque

1- Avec un rapporteur d'angle, ou de préférence avec la boussole, prendre sur la carte les degrés du parcours à faire. (ex. 293°) (pho. 22).

2- Pour marcher sur le terrain, ajustez la boussole en tenant compte de la déclinaison magnétique sur la carte. En ce qui concerne le territoire de notre carte exemple, l'ajustement est de 13° vers l'ouest) (pho. 23). — Au risque de me répéter, souvenez-vous que si votre boussole est munie d'une vis d'ajus-

pho. 22

LA BOUSSOLE TEL UN RAPPORTEUR D'ANGLE

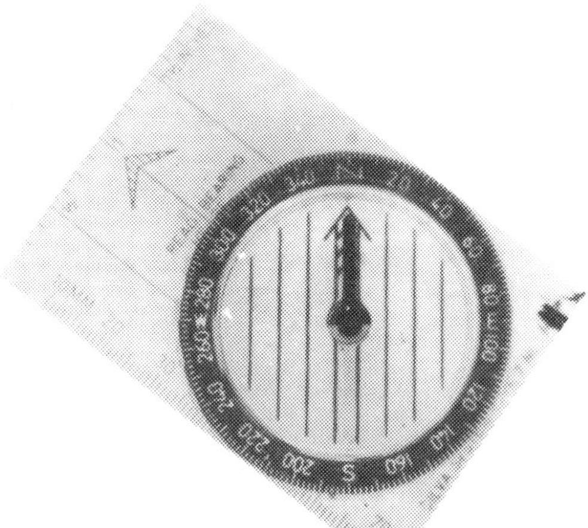

pho. 23

BOUSSOLE SANS VIS D'AJUSTEMENT
(pour la déclinaison)

tement et que la correction est faite avant de vous en servir sur la carte, la lecture effectuée sur la carte (pho. 22) sera l'azimut servant à la marche sur le terrain, (i.e. l'azimut géographique (pho. 24)).
3- Tenir la boussole dans la main à la hauteur de la poitrine (pho. 25). Elle doit être horizontale afin que l'aiguille aimantée puisse circuler librement.
4- Tourner sur vous-même jusqu'à ce que l'aiguille aimantée (rouge) corresponde exactement à la flèche d'orientation imprimée dans le fond du boîtier de la boussole (pho. 23 et 24).
5- Viser dans la direction ainsi indiquée et retenir un repère (ex: un arbre).
6- Une fois que la visée est prise, vous rendre au repère en question en mettant la boussole de côté et en prenant soin de ne pas tourner le boîtier pour ne pas perdre l'azimut du trajet.
7- Rendu à ce repère, reprendre l'opération en direction d'un autre repère et ainsi de suite jusqu'à destination.

N.B.: Une fois un repère atteint, il est possible de vérifier et de se rassurer en prenant une visée arrière (back-azimut). Il s'agit alors de faire un demi-tour sur place jusqu'à ce que la «pointe blanche» de l'aiguille aimantée coïncide avec la flèche d'orientation. La boussole devrait alors pointer vers le repère précédent.

Pour la «SYLVA» à miroir

Souvenez-vous que le principe est le même, mais ce type de boussole permet une bien plus grande précision. Selon moi, la meilleure méthode d'utilisation de cette boussole est de passer la cordelette autour du cou (pho. 26) et de rabattre le miroir de façon à ce que la ligne de visée vienne «fendre» l'encoche lumineuse ou le pointeur lumineux et le pivot central de la boussole (pho. 27). Le miroir permet également de voir si l'aiguille aimantée correspond exactement à la flèche d'orientation imprimée dans le fond du boîtier (pho. 27). Avec la mire, il est alors facile de trouver précisément un point repère.

Quelques distances importantes

Il est préférable de s'éloigner des masses magnétiques (objets métalliques) de:

— 50 mètres pour les lignes de transmission électrique
— 15 mètres pour un véhicule automobile
— 10 mètres pour les lignes téléphoniques
— 1 mètre pour un fusil, une hache, etc. (Tenir la boussole d'une main et l'objet à bout de bras dans l'autre main, lors de la visée).

pho. 24
BOUSSOLE AVEC VIS D'AJUSTEMENT
(pour la déclinaison)

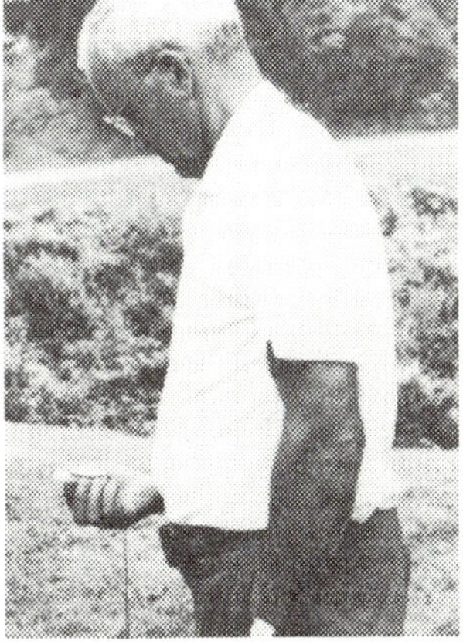

pho. 25
COMMENT TENIR
UNE BOUSSOLE
(sans miroir)

pho. 26

COMMENT TENIR UNE BOUSSOLE À MIROIR

pho. 27

COMMENT VISER AVEC UNE
BOUSSOLE À MIROIR

— Si vous tenez votre boussole de la main gauche ou avec vos deux mains, il serait bien de vérifier si votre montre n'a pas une influence quelconque.

Comment orienter une carte au moyen de la boussole

Une carte est dite «orientée» lorsqu'elle correspond à l'orientation du terrain.

1- Ajuster la boussole (conventionnelle) comme pour suivre sur le terrain l'azimut NORD (360°) et par conséquent faire la correction magnétique (pour le territoire représenté par notre carte exemple, on aurait 13°).

(Pour les boussoles munies d'une vis d'ajustement de la déclinaison, si la déclinaison est corrigée, le pointeur lumineux sera vis-à-vis le 360° de la rose des vents).

2- Poser la boussole sur la carte parallèlement aux lignes du quadrillage.
3- Tourner la carte et la boussole jusqu'à ce que l'aiguille aimantée s'accouple avec la flèche d'orientation. (Prenez garde de ne pas vous installer sur une table ayant des supports métalliques).

La carte est alors orientée (pho. 28).

Comment orienter une carte sur le terrain sans la boussole

Il s'agit simplement d'aligner un ou plusieurs repères identifiés sur la carte avec ces mêmes repères identifiés sur le terrain. (Voir la triangulation).

Comment contourner les obstacles

Que faut-il faire lorsque vous arrivez en face d'un obstacle non franchissable?

Généralement, les gros obstacles comme les lacs, les montagnes abruptes ou les rivières sont identifiables sur les cartes et par conséquent, il faut établir les azimuts de notre itinéraire en fonction de ceux-ci.

Mais imaginons que vous arrivez devant un marécage créé récemment par un barrage de castors et qu'il vous faille le contourner.

La solution la plus appropriée (si les conditions le permettent) consiste à trouver un point repère de l'autre côté de l'obstacle pour ensuite, en faire le tour et rejoindre ce point repère. Rendu là, vous faites une visée arrière dans le but de vérifier votre repère précédent afin de vous assurer de l'exactitude du parcours. Ensuite vous reprenez votre direction initiale.

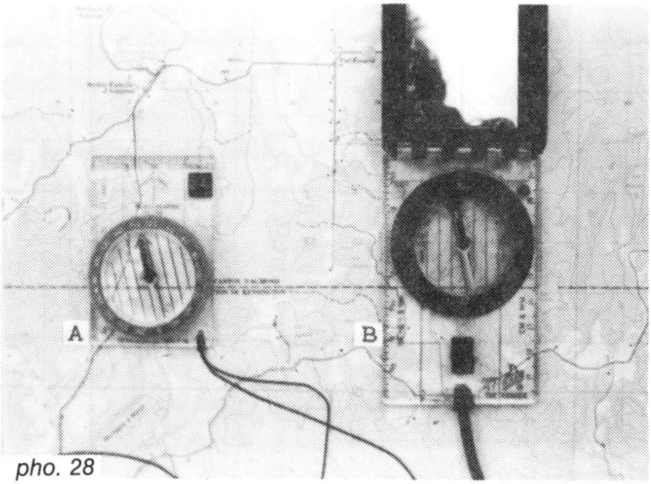

pho. 28

L'ORIENTATION D'UNE CARTE À L'AIDE
DE LA BOUSSOLE

A = Avec une boussole conventionnelle
B = Avec une boussole possédant une vis d'ajustement

S'il n'est pas possible de voir de l'autre côté de l'obstacle, on pourra le contourner.

Méthode du 90°

1- Tourner à angle droit vers la gauche (– 90°) ou la droite (+ 90°) et marcher en comptant ses pas jusqu'à ce que l'obstacle soit dépassé.
2- De là, reprendre l'azimut original jusqu'à ce que l'obstacle soit à nouveau dépassé.
3- De là, revenir à la ligne du cheminement en tournant encore à 90° et en comptant le nombre de pas déterminé auparavant.
4- Reprendre alors l'azimut original.

Ces changements de direction à angle droit peuvent être effectués en réglant la boussole, c'est-à-dire en ajoutant 90° pour chaque changement à droite ou en soustrayant 90° pour chaque changement à gauche.

Les mêmes résultats peuvent être atteints en se servant des angles droits de la base (rectangulaire) de la boussole. Et cela sans changer l'azimut initial. La bordure arrière de la base sera utilisée pour faire les visées. Du coin gauche vers le coin droit si l'obstacle est contourné par la droite, et l'inverse s'il est contourné par la gauche (fig. 8).

Méthode du 60°

1- Pour contourner vers la gauche (fig. 9): enlever 60° à l'azimut original et mesurer la distance, par la suite additionner 120° à ce nouvel azimut et mesurer la même distance.
2- Reprendre l'azimut original.

Pour contourner vers la droite additionner 60° et enlever 120°.

Méthode du 45°

1- Pour contourner vers la gauche (fig. 10): enlever 45° à l'azimut original et mesurer la distance, par la suite additionner 90° à ce nouvel azimut et mesurer la même distance.
2- Reprendre l'azimut original.

Pour contourner vers la droite additionner 45° et enlever 90°.

Revenir sur ses pas

Pour faire demi-tour, il faut ajouter ou soustraire 180° à l'azimut de base. Si un tour complet représente 360° alors un demi-tour équivaut à 180°.

Exemples: 1– Azimut pour aller = 20°
Azimut pour le retour = 200° (20° + 180°).
2– Azimut pour aller = 260°
Azimut pour le retour = 80° (260° – 180°)

Il faut donc soustraire 180° lorsque l'azimut est supérieur à 180° et ajouter 180° si l'azimut est inférieur à 180°.

N.B.: Il est généralement plus pratique de faire un «back-azimut»; c'est-à-dire, utiliser la pointe blanche de l'aiguille aimantée.

Comment déterminer les distances parcourues (sur le terrain)

Pour une heure de marche en forêt, la distance parcourue peut varier beaucoup à cause de certains facteurs.

— Les accidents de terrain

— Les élévations (les pentes)

— La densité et le type de forêt

— La condition physique du marcheur et/ou la charge qu'il transporte.

Avec de l'expérience, il est possible de combiner l'ensemble de ces facteurs avec le temps de marche et réussir à déterminer avec suffisamment d'exactitude, la distance parcourue. D'ailleurs en terrain accidenté, les repères identifiables à la fois sur le terrain et sur la carte sont suffisamment nombreux pour réussir à se situer (voir la triangulation).

Mais en terrain plat, ces repères sont moins nombreux et une méthode efficace pour calculer les distances, c'est de compter ses pas.

Avec le système anglais:
1 pas = 30 pouces en moyenne
1 double pas (c'est-à-dire, chaque fois que le même pied touche le sol) = (+ ou –) 60 pouces
66 doubles pas = (+ ou –) 330 pieds = 1 portée
16 portées = (+ ou –) 5 280 pieds = (+ ou –) 1 mille

Avec le système métrique:
1 pas = (+ ou –) 76 cm en moyenne
66 doubles pas = (+ ou –) 100 mètres = 1 portée
10 portées = (+ ou –) 1 kilomètre

Il est pratique de noter chaque portée, soit en l'inscrivant sur un papier, soit en faisant des coches sur une branche ou des noeuds dans une corde.

COMMENT CONTOURNER LES OBSTACLES

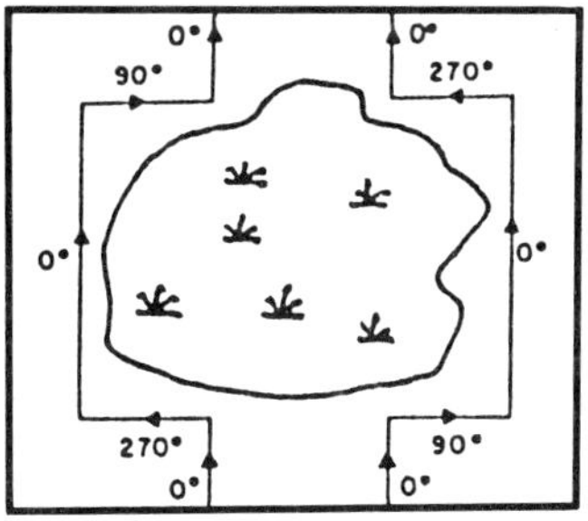

MÉTHODE DU 90°
fig. 8

MÉTHODE
DU 60°
fig. 9

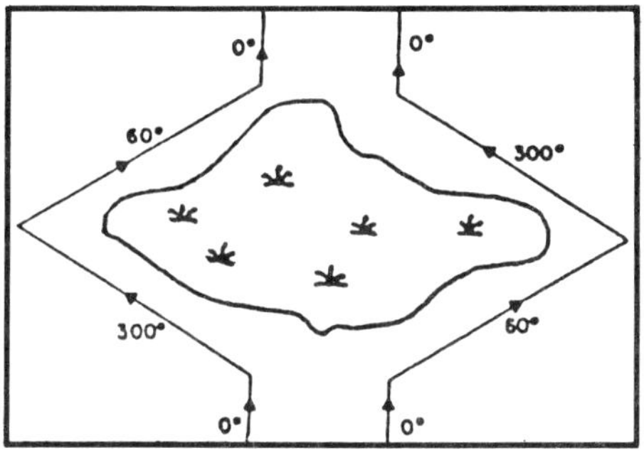

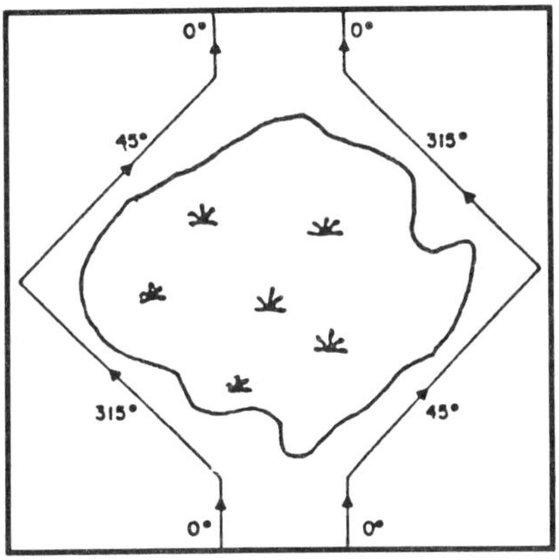

MÉTHODE
DU 45°
fig. 10

Comment se situer soi-même sur une carte (LA TRIANGULATION)

Si vous vous perdez dans une région quelconque, mais que heureusement, vous avez en votre possession la carte de cette région et une boussole, vous n'avez rien à craincre car vous réussirez à vous situer par la méthode de triangulation.

Il est très rare d'avoir à parcourir de grandes distances sans apercevoir un point repère coïncidant avec les indications de la carte. En forêt profonde, il pourrait être nécessaire de grimper au sommet d'un grand arbre afin de repérer une montagne éloignée ou un autre point repère (rivière, lac, etc.).

La triangulation consiste simplement à se situer soi-même sur la carte en corrélation avec au moins deux points de référence identifiés sur le terrain.

Exemple:
1– Prendre un prélèvement sur le point A puis un autre sur le point B (fig. 11). (ex. A = 50° et B = 30°)
2– Transposer ensuite (en back-azimut) ces prélèvements sur la carte. La réponse à la question est au point de croisement des deux lignes (fig. 12). (ex. A = 230° et B = 210°)

N.B.: Plus nombreux seront les prélèvements, plus grande sera la précision de la réponse.

PROBLÈMES

Comment retrouver un endroit précis sur un lac

Imaginons que vous avez prêté votre belle canne à pêche en graphite à votre jeune fils et voilà qu'il l'échappe dans le lac. Vous savez le lac peu profond à cet endroit et vous connaissez un ami plongeur qui se ferait un plaisir d'aller vous la repêcher. Mais comment revenir exactement à l'endroit où vous êtes?... Vous chassez votre première idée, qui était de réprimander vertement votre fils, vous sortez plutôt votre boussole et vous vous situerez avec précision au moyen de la méthode enseignée au point précédent.

Exemple: Vous pêchiez au point 543240 (dans le lac Dudley) (pho. 29). De ce point-là, vous voyiez une pointe de terrain à votre gauche et une île à votre droite. La pointe est située à 84° et l'île à 165° (par rapport à l'endroit où vous êtes).

Si vous voulez revenir à l'endroit exact, il suffit de rétablir l'azimut face à un de ces points repères et de le suivre jusqu'à ce que l'autre point repère soit compatible à son azimut pris antérieurement (pointillé = trajet de retour).

LA TRIANGULATION

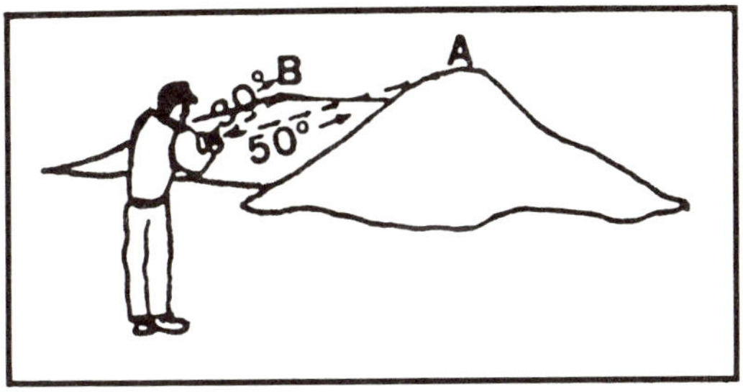

LES PRÉLÈVEMENTS
fig. 11

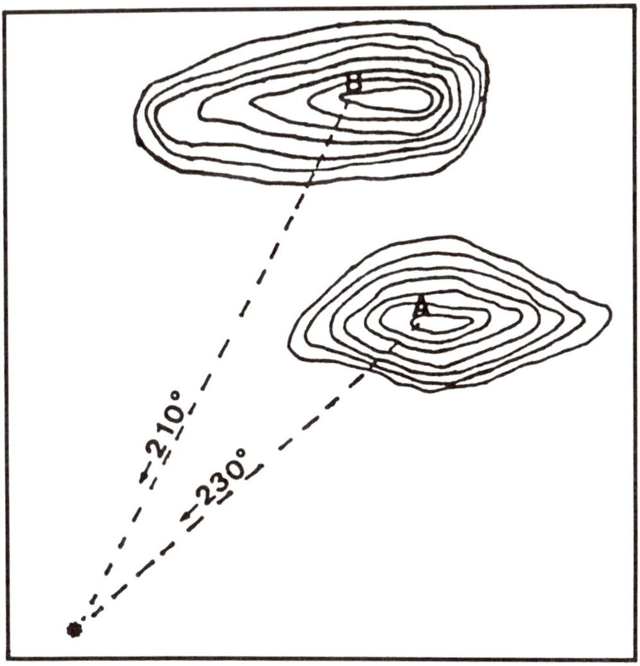

LE REPORT SUR LA CARTE
fig. 12

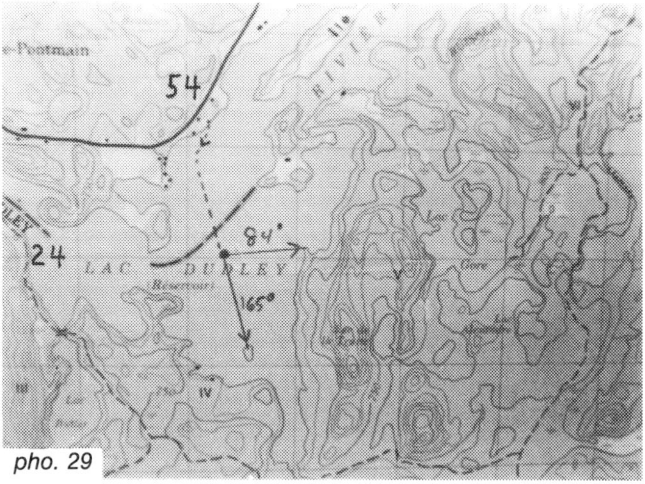

pho. 29

LE POINT 543240

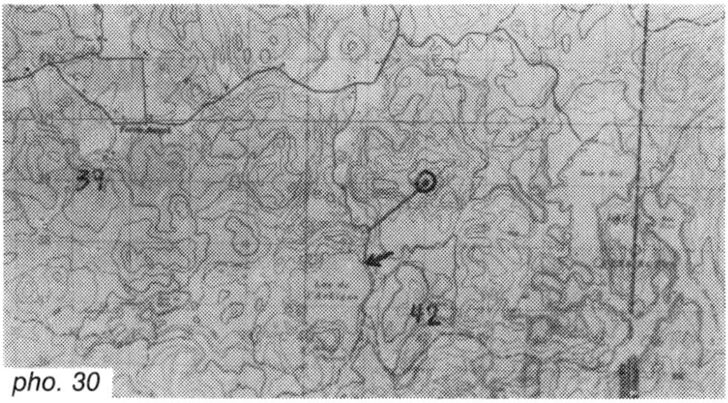

pho. 30

LE POINT 420390

Comment retrouver un gibier abattu

Vous venez de tuer un gros chevreuil dans les environs du point 420390 (pho. 30) et vous vous rendez compte que vous aurez besoin d'aide pour le transporter. Que faire?

1. Bien entendu, la première étape consiste à éviscérer l'animal, lui maintenir la cavité abdominale ouverte à l'aide de bâtons (pour éviter que la viande ne chauffe) et à le suspendre... si tout cela est possible.
2. Au-dessus de l'endroit où vous le laissez, vous installez un repère apparent, tel un mouchoir, un vêtement, ou un ruban de couleur.
3. Grâce à la carte, vous déterminez l'endroit où vous êtes et cherchez le meilleur chemin pour sortir l'animal. Le point de rencontre avec vos copains de chasse est le chalet près du lac de l'Achigan. La façon la plus rapide pour s'y rendre est de rejoindre le chemin le plus directement possible. (La ligne tracée sur la pho. 30). L'azimut sera de 232° (ou 245° magnétique).
4. Vous ajustez votre boussole et vous marchez en comptant vos doubles pas et en faisant de nombreux points repères (branches cassées, marques sur des troncs d'arbres *morts*, rubans de couleur, etc).
5. Rendu à la route, vous identifiez immédiatement le point de sortie. Soit par un tronc d'arbre mort, un vêtement, des branches cassées, du ruban de couleur, etc. Et vous ajustez immédiatement votre boussole pour le retour ou vous la laissez telle quelle (vous ferez un back-azimut). On tâche également de bien retenir le nombre de doubles pas. Dans ce cas-ci, il sera d'environ 13 «portées».
6. Ayant rassemblé les copains, vous refaites maintenant le parcours en sens inverse en vous assurant de la justesse de votre direction et en comptant vos doubles enjambées tout en identifiant vos points repères.

Où est le gibier?... Si vous n'êtes pas arrivés pile, il ne doit pas être bien loin. Faites une marque à l'endroit où vous vous trouvez en suspendant un objet visible de loin et exécutez une spirale en partant de ce point. Vous aurez vite fait de le retrouver.

Comment calculer la largeur d'une rivière avec la boussole

À l'école, on nous a enseigné qu'un triangle rectangle isocèle possède un angle de 90° et deux angles de 45°. Par conséquent les côtés «x» et «y» sont égaux (fig. 13).

Puisque la boussole permet de calculer des angles, il est alors possible de mettre en pratique ce principe élémentaire de géométrie.

Exemple: Imaginons que vous êtes responsable d'une excursion de scoutisme et que vous êtes obligé de traverser une rivière à gué. Pour plus de sécurité vous voulez attacher transversalement à la rivière, une corde qui servira à assurer l'équilibre de vos scouts lors de leur passage. Vous désignez alors le plus gros et le plus fort d'entre eux pour traverser en premier et aller attacher l'extrémité de la corde autour d'un arbre de l'autre côté de la rivière. Ce garçon, non seulement fort physiquement, est loin d'être «bête». Alors il vous répond: «Avant de me jeter à l'eau comme une grenouille, je veux savoir si au moins nous avons assez long de corde...» Il sort sa boussole, vise l'arbre désigné du côté opposé (ex. 260°) (fig. 14) — ajoute 90° (350°) pour tourner à angle droit vers la droite (il aurait soustrait 90° s'il avait tourné vers la gauche) — vise dans cette direction, trouve un repère — soustrait 45° à son azimut de base (260° - 45° = 215°) (il aurait additionné 45° s'il avait préalablement tourné vers la gauche) — se dirige vers son repère (trajet Y) et vise de temps à autre l'arbre choisi sur l'autre rive — il continue ainsi jusqu'à ce que l'arbre en question corresponde à son 215° — il revient alors à son point de départ en y déroulant la corde — il dit ensuite à ses compagnons: «Défaites vos ceintures, il va nous manquer de 3 à 4 mètres de corde pour pouvoir l'attacher solidement après l'arbre.» Morale de cette histoire: c'est ce garçon-là qui devrait être chef du groupe et non vous.

Le clinomètre

Certaines boussoles ont une sorte de petit pendule à l'intérieur (ex. la SYLVA 15 T-D). Ce petit pendule permet de se servir de la boussole en guise de clinomètre. Le clinomètre est un instrument servant à mesurer des angles verticaux (pho. 31) pouvant être utilisés pour des calculs de pentes ou de hauteurs.

Comment l'utiliser:

1- Tourner le cadran de sorte que le «90°» imprimé en rouge dans le fond du boîtier (l'échelle de la déclinaison magnétique) soit dans l'axe de visée de la boussole.
2- Mettre la boussole sur le côté de façon à ce que le 0° pointe vers le sol et que le pendule puisse circuler librement.
3- Incliner le miroir de façon à ce qu'il soit possible d'y faire une lecture d'angle.

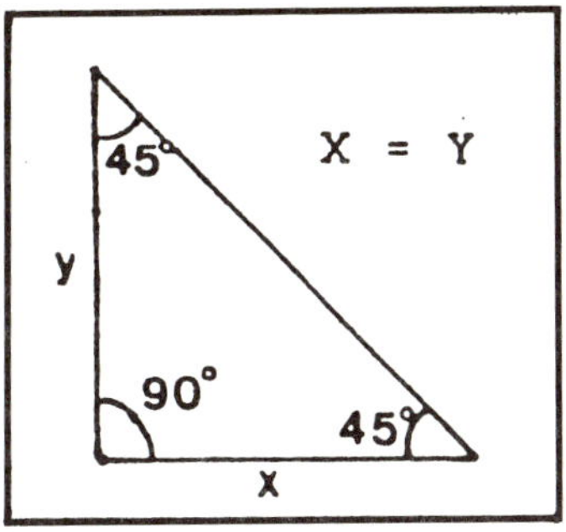

TRIANGLE RECTANGLE ISOCÈLE
fig. 13

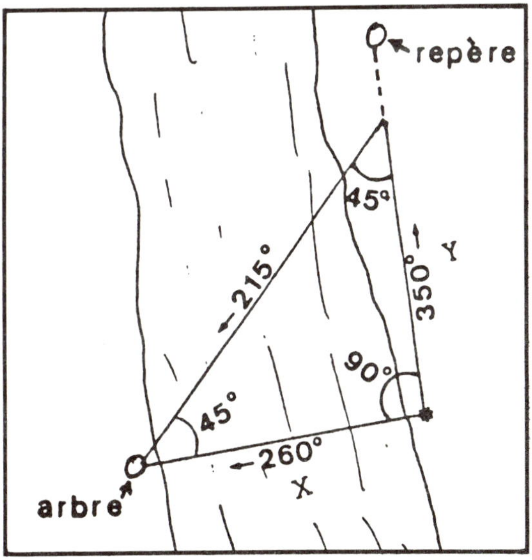

COMMENT CALCULER LA LARGEUR D'UNE RIVIÈRE AVEC LA BOUSSOLE
fig. 14

4– Pour trouver le degré d'une pente : à l'aide de la bordure de la boussole, il s'agit de viser en haut de cette pente un point (pouvant être imaginaire) situé par rapport au sol, à environ la même distance que celle comprise entre les yeux et le sol à l'endroit où l'on est. Il ne reste qu'à faire la lecture du degré de la pente par l'intermédiaire du miroir (pho. 32).
5– Pour trouver une hauteur, par exemple celle d'un poteau situé en *terrain plat* (pho. 33) : a) viser l'extrémité du poteau ; b) faire la lecture du degré de l'angle décrit ; c) mesurer la distance entre soi et le poteau en question ; d) multiplier cette distance par la tangente du degré de l'angle déterminé ; e) ajouter à la réponse obtenue sa taille à hauteur des yeux. — Mais puisque ce n'est pas tout le monde qui traîne sur soi une calculatrice scientifique ou une table de tangente, il est beaucoup plus facile, lors de la visée du bout du poteau, de s'avancer vers ce dernier ou de s'en éloigner jusqu'à ce que l'on obtienne une lecture de 45° (pho. 32) (la tangente est alors de « 1 »). Il ne reste plus qu'à faire les étapes c et e précédemment décrites.

DIVERSES MÉTHODES D'ORIENTATION

Le nord grâce aux aiguilles d'une montre

Quelle que soit l'heure comprise entre 6 hres et 18 hres, il s'agit de pointer l'aiguille des heures (la petite aiguille) vers le soleil (s'il fait soleil) et ramener la grande à 12. Le centre de l'angle formé par la petite et la grande aiguille indique le Sud (fig. 15).

— Il faut tenir compte de l'heure avancée.
— Si vous avez une montre à affichage numérique, imaginez un cadran
ou
Retenez que le soleil se déplace de 15° par heure.
À l'heure normale :

à 6 hres : le soleil est à l'est = 90°
à 9 hres : le soleil est au sud-est = 135°
à 12 hres : le soleil est au sud = 180°
à 15 hres : le soleil est au sud-ouest = 225°
à 18 hres : le soleil est à l'ouest = 270°

En retenant ces valeurs, il est possible de connaître approximativement l'heure à l'aide de la boussole. (Pour plus de précision, il faudrait savoir dans quel degré de longitude vous vous trouvez afin de déterminer si vous vous situez au début, au quart, au centre, aux trois quarts ou à la fin du fuseau horaire).

pho. 31

LE CLINOMÈTRE (à 45°)

pho. 32

LA LECTURE DU DEGRÉ DE LA PENTE
GRÂCE AU MIROIR

UN EXEMPLE D'UTILISATION DU CLINOMÈTRE

La mousse au pied d'un arbre

L'indication du nord par la mousse au pied d'un arbre est suffisamment juste, seulement si ce dernier est dans une clairière ou dans une forêt très claire.

Raisonnement: en étant situé dans une clairière, l'arbre pourrait recevoir de l'ensoleillement sur tout son contour si notre astre lumineux faisait une rotation de 360°, mais puisqu'il ne va jamais au nord, il est logique qu'il y ait une plus forte formation de mousse sur cette face.

Ne pas oublier qu'en forêt dense, il peut s'accumuler autant de mousse sur la face sud que sur la face nord.

Au moyen des ombres

Planter un piquet. — Faire une marque au bout de l'ombre qu'il projette. — Attendre 30 à 60 minutes et faire une nouvelle marque à l'endroit où l'ombre est rendue (toujours au bout). — En traçant une ligne, relier la première marque à la deuxième. Cette ligne indique l'axe ouest-est. — Faire une troisième marque au centre de cette ligne. Cette dernière sera située exactement au nord du piquet créant ainsi un axe nord-sud (fig. 16).

Autres indices

— Au Québec, les vents dominants proviennent de l'ouest. Par conséquent, les grands arbres exposés au vent, comme sur les faîtes des montagnes penchent généralement vers l'est.
— La face nord d'une montagne est toujours plus froide, plus humide et il y a plus d'écho que sur les autres faces.
— Sur la face nord d'un gros hêtre, les mouchetures sont généralement plus denses.

L'étoile Polaire

L'étoile Polaire est la dernière petite étoile de la queue de la Petite Ourse (la dernière étoile du manche du petit chaudron). Pour la localiser, on se sert de la Grande Ourse (le grand chaudron). À cinq fois la distance comprise entre les deux étoiles situées face à la queue de cette constellation (face au manche du chaudron et dans le sens de son ouverture), on retrouve une petite étoile plus ou moins esseulée: l'étoile Polaire (fig. 17).

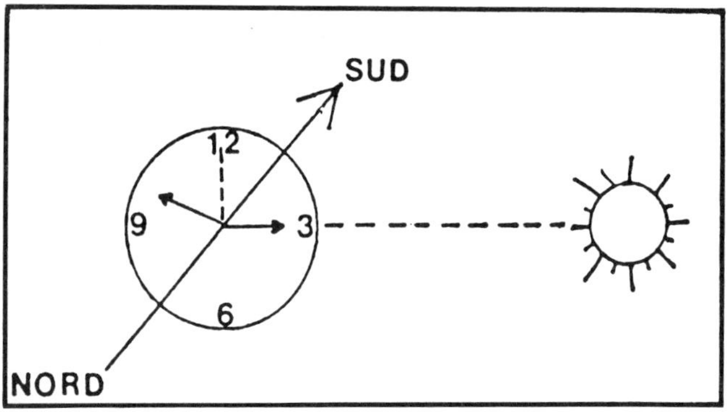

LE NORD GRÂCE AUX AIGUILLES
D'UNE MONTRE
fig. 15

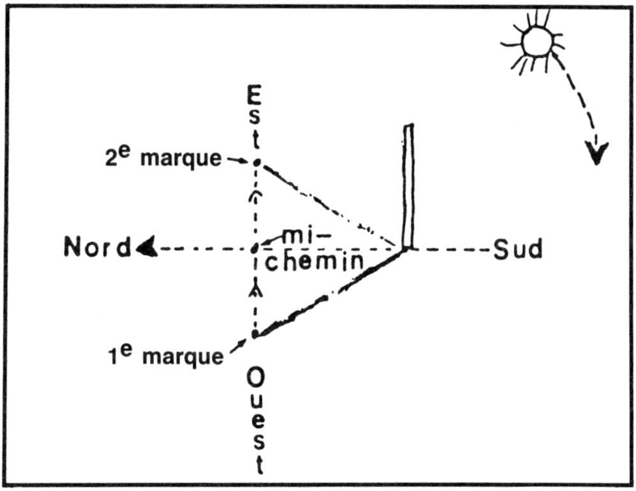

AU MOYEN DES OMBRES
fig. 16

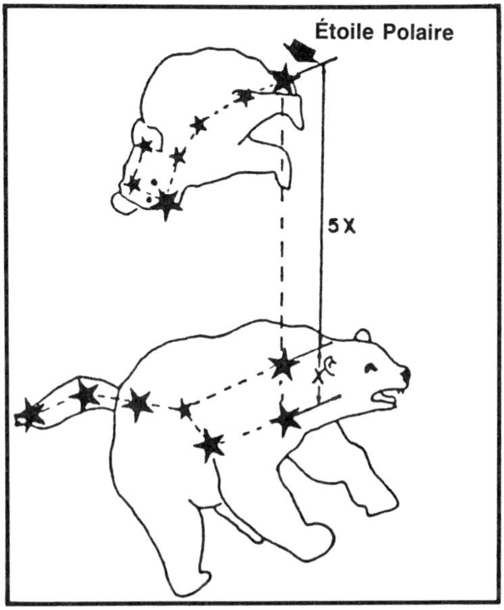

L'ÉTOILE POLAIRE
fig. 17

CHAPITRE II

LES NOEUDS

Lors d'activités de plein air, il est souvent nécessaire d'utiliser des cordages à toutes sortes de fins. Sachant que «facile à faire» et «facile à défaire» sont les deux principales qualités d'un bon noeud, il est important d'en connaître quelques-uns, ce qui rendra la vie en milieu naturel plus agréable.

Quoique la chose soit souhaitable, il n'est pas nécessaire de connaître tous les noeuds énoncés dans ce chapitre. Mais, outre la façon de lover un cordage et la surliure, je vous conseille fortement d'essayer de maîtriser «les septs noeuds à mémoriser».

Bien sûr, pour comprendre le texte, il est préférable de connaître la terminologie des noeuds (fig. 1), et je voudrais au départ faire remarquer que le *brin libre* est le bout de la corde qui est utilisé et le *brin dormant* est celui non utilisé (ou attaché à un objet quelconque).

— *La façon de lover un cordage* (pho. 1a et 1b).

— *Pour maintenir un cordage lové* (pho. 2a, 2b et 2c).

— *La surliure* (pho. 3a, 3b et 3c) — La surliure peut servir à: rendre un noeud sûr — à renforcer un bâton fêlé — à empêcher l'extrémité d'un cordage de s'effilocher — etc.

Il faut étroitement enrouler la cordelette autour du cordage. À la fin de l'enroulement, il faut passer le brin libre de la cordelette dans la ganse et souquer sur les deux brins pour tendre le tout.

SEPT NOEUDS À MÉMORISER

— *Demi-noeud (ou noeud simple)* (pho. 4) — C'est le plus simple de tous les noeuds. Il s'emploie pour bloquer d'autres noeuds, mais rarement seul.

TERMINOLOGIE DES NOEUDS

fig. 1

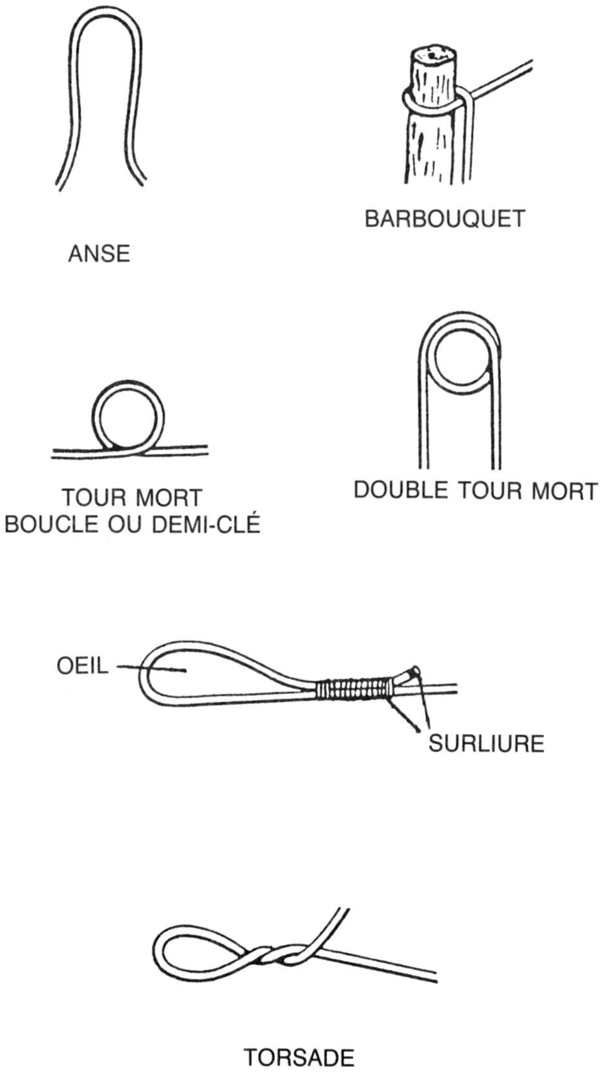

—*Noeud plat* (pho. 5) — L'un des noeuds les plus pratiques pour joindre deux cordages de même diamètre. Il se défait facilement lorsqu'une des extrémités libres est tirée. Il doit être utilisé avec précaution.

— *Noeud à capeler (ou noeud de batelier, de cabestan, ou de meunier)* (pho. 6 et pho. 7) — Il sert a fixer le cordage d'un bateau (chaloupe, canot, etc.) autour d'un pieu. On peut le faire au milieu ou à l'extrémité d'un cordage. Ce noeud a tendance à glisser lorsqu'il est fait au bout d'un cordage. On peut remédier à ce problème en le bloquant avec un demi-noeud.

— *Noeud de chaise simple* (pho. 8) — Pour obtenir un oeil non coulissant à l'extrémité d'un cordage. Bien fait, il ne se coince jamais et il ne glisse pas. Ce noeud est très pratique puisqu'il se fait et se défait rapidement. Entraînez-vous à l'exécuter rapidement autour de votre corps, il peut vous sauver la vie si quelqu'un vous lance un cordage alors que vous êtes tombé à l'eau. Si c'est vous qui lancez un cordage à un homme tombé en mer, il est préférable, avant de le lancer, de faire vous-même ce noeud. Tâchez d'obtenir un oeil assez grand pour qu'il puisse facilement y passer les bras et les épaules.

— *Noeud de tendeur* (pho. 9 et 10) — L'essayer, c'est l'adopter! C'est le noeud le plus pratique pour attacher solidement un canot sur un toit d'automobile, ou des boîtes sur un trimoto, ou encore des meubles dans une remorque, etc. Il s'agit du noeud idéal pour ce qui doit être solidement attaché et tenu sous tension. On doit exécuter deux yeux pouvant coulisser (pho. 9) dans le sens du brin libre. Le brin libre fait le tour d'un point d'attache et vient passer dans l'oeil du brin dormant (qui servira de poulie) et dans l'oeil du brin libre (qui deviendra une barrure) (pho. 10). Il ne reste plus qu'à tirer sur le brin libre pour tendre le tout. Pour relâcher la tension de ce noeud, vous n'avez qu'à tirer sur le brin libre entre les deux yeux.

N.B.: Si vous attachez un canot sur un toit d'automobile avec ce type de noeud, faites attention de ne pas briser votre embarcation ou bosseler le toit du véhicule par l'enfoncement du porte-bagage.

— *Noeud en huit* (pho. 11) — Pour empêcher un cordage de dépasser la poulie ou de se dégager d'un oeil. Rapide et facile d'exécution, il est aussi facile à défaire. Il est résistant et n'endommage pas les fibres d'un cordage.

— *Noeud de fermeture* (pho. 12a, b et c) — Pour fermer hermétiquement un sac étanche.

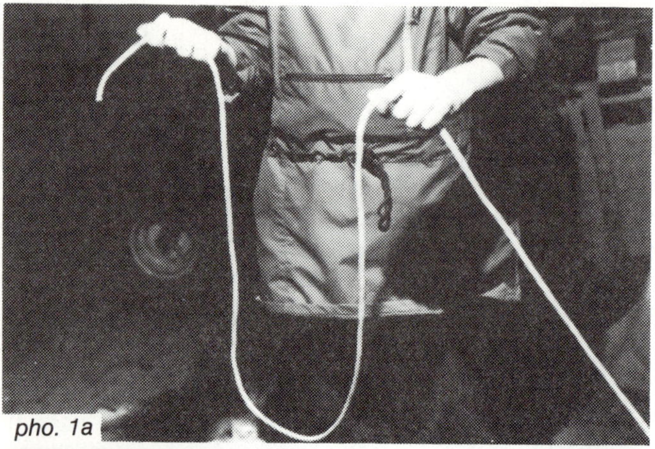

pho. 1a

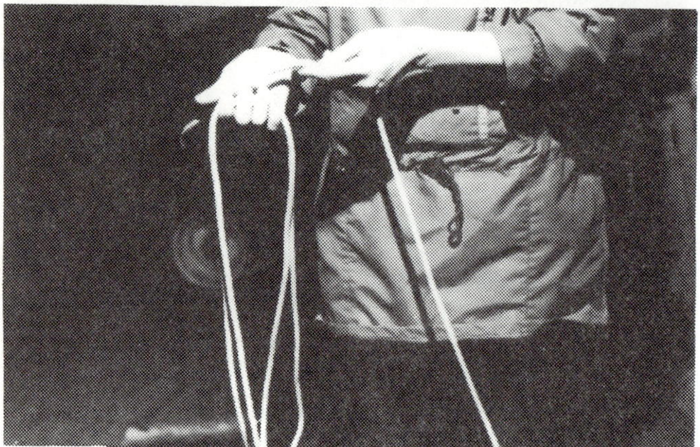

pho. 1b

LA FAÇON DE LOVER UN CORDAGE

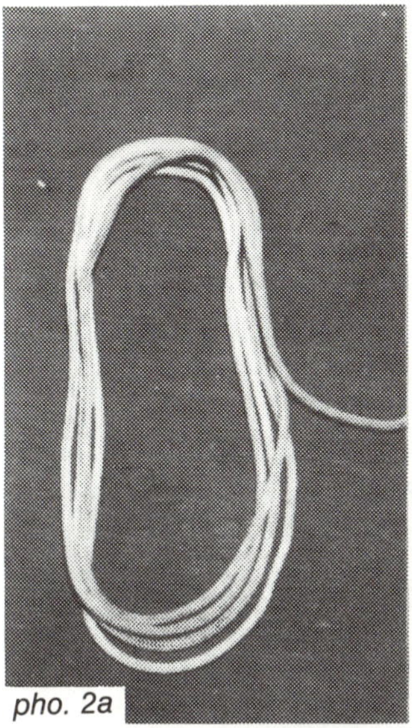

pho. 2a

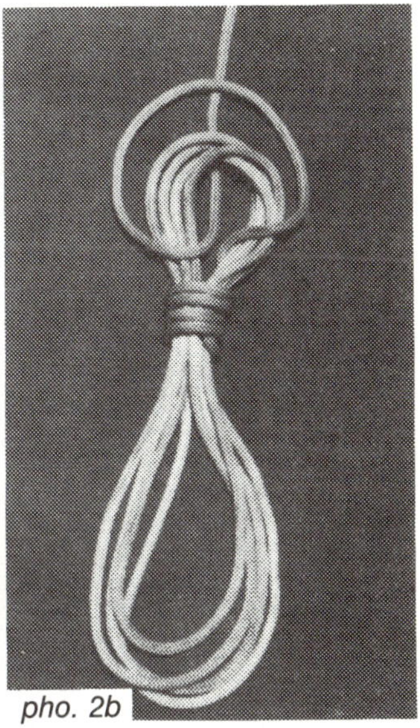

pho. 2b

pho. 2c

POUR MAINTENIR UN CORDAGE LOVÉ

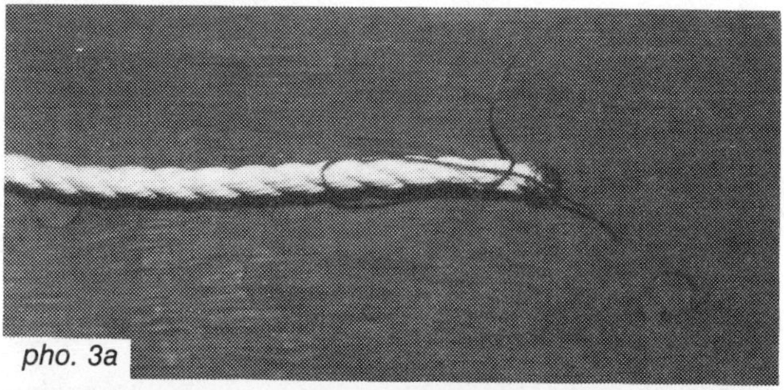

pho. 3a

pho. 3b

pho. 3c

LA SURLIURE

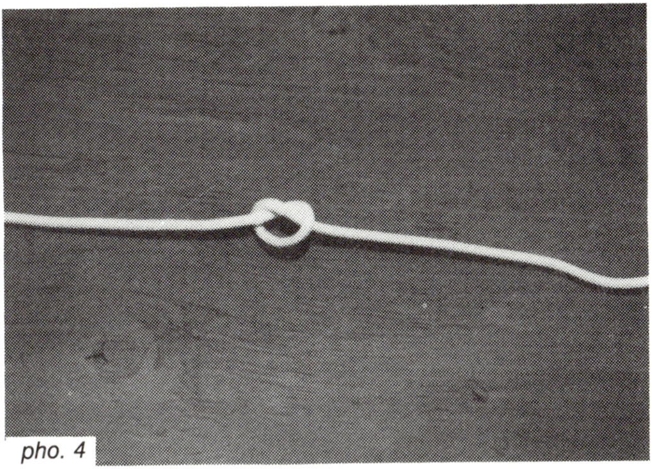

LE DEMI-NOEUD

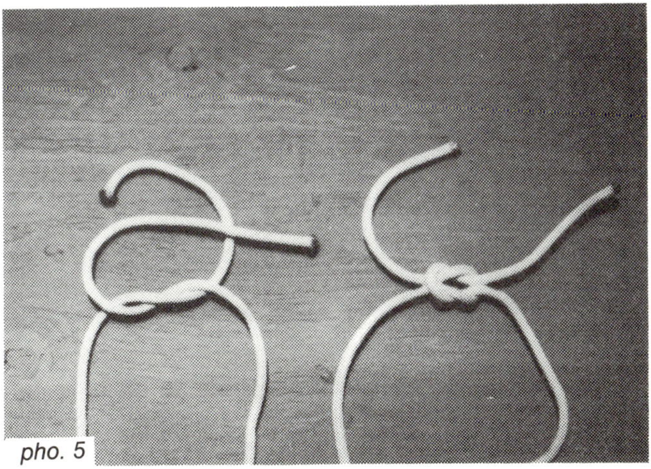

LE NOEUD PLAT

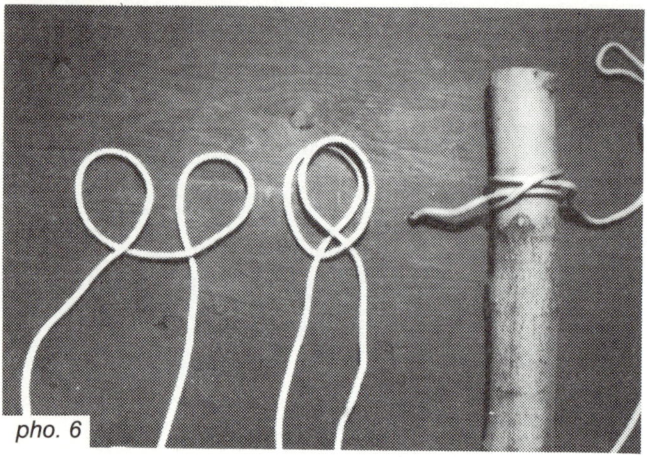

pho. 6

POUR L'ENFILER SUR UN PIEU

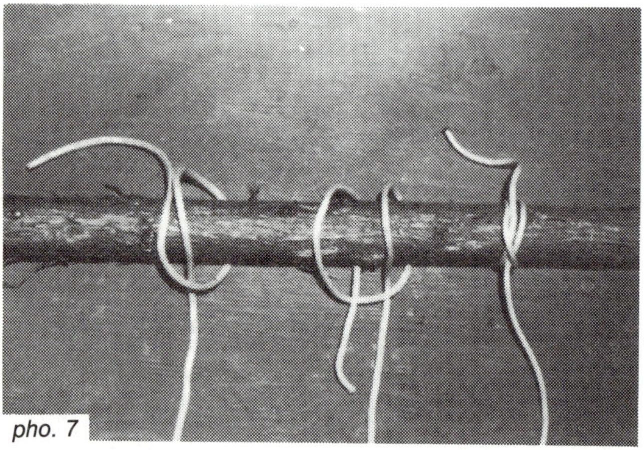

pho. 7

LORSQU'IL EST IMPOSSIBLE DE L'ENFILER

LE NOEUD À CAPELER

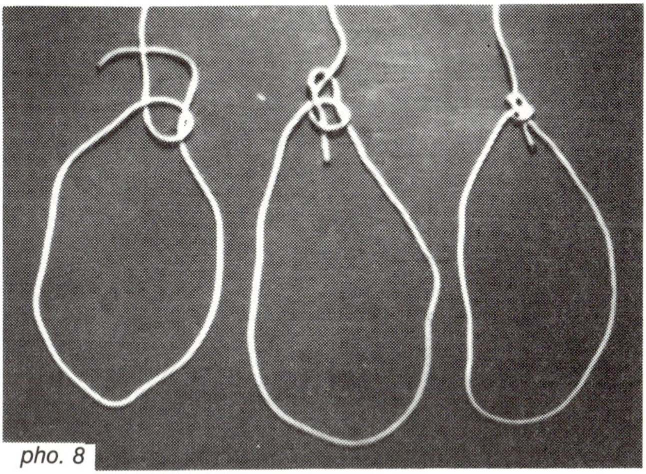

LE NOEUD DE CHAISE SIMPLE

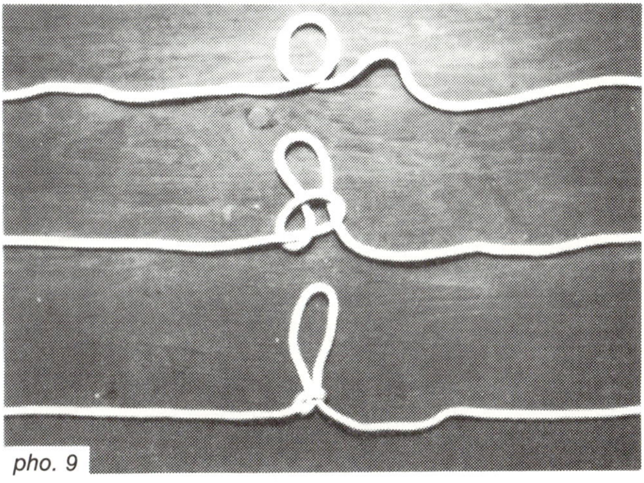

OEIL COULISSANT
(pour le NOEUD DE TENDEUR)

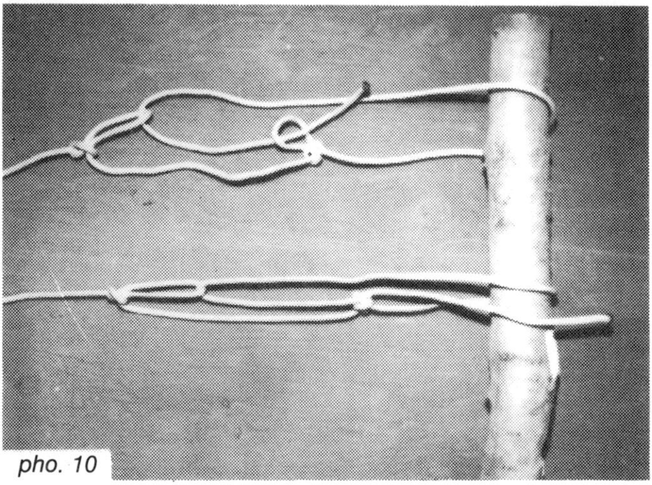

pho. 10

LE NOEUD DE TENDEUR

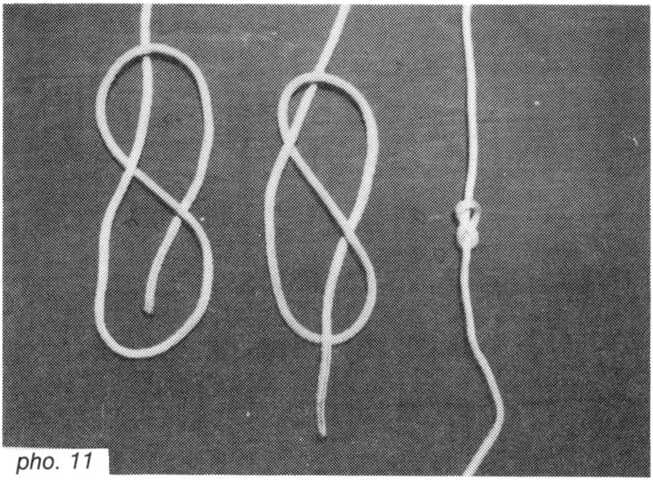

pho. 11

LE NOEUD EN HUIT

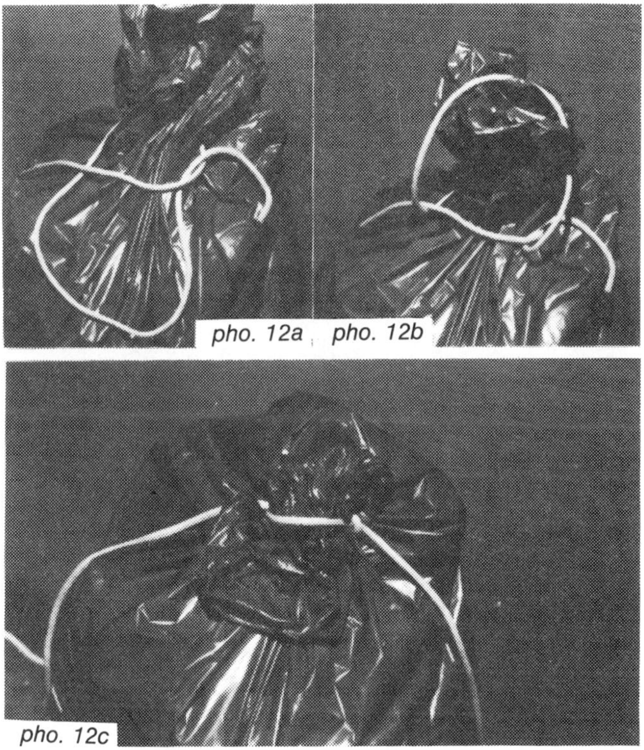

pho. 12a pho. 12b

pho. 12c

LE NOEUD DE FERMETURE

AUTRES NOEUDS

— *Noeud demi-clé* (pho. 13) — Il sert à attacher un objet qu'on doit tirer à angle droit. C'est un noeud assez sûr si la tension est constante.

— *Noeud d'évadé* (pho. 14) — Il permet à une personne seule de récupérer sa corde après une descente. On doit l'utiliser prudemment (voir noeud de bois), car s'il est mal exécuté, il peut lâcher au mauvais moment.

— *Noeud de bois* (pho. 15) — Pour attacher un cordage à un arbre ou à un piquet. On le détache très facilement en tirant sur le brin libre.

— *Noeud de chaise double* (pho. 16a, b, c et d) — Il sert pour le sauvetage d'une personne inanimée.

Pour obtenir la dimension voulue, il faut doubler l'extrémité du cordage sur une distance égale à l'envergure des deux bras. Une fois le noeud fait, il faut faire passer les bras de la personne dans un oeil et les jambes dans l'autre.

— *Noeud de capucin* (pho. 17) — Il sert surtout à alourdir le bout d'un cordage pour pouvoir le lancer afin qu'il s'enroule autour d'une branche. On peut également, en l'utilisant, empêcher l'extrémité d'une corde de s'effilocher.

— *Noeud de pêcheur* (pho. 18) — Il sert à nouer des cordages immergés ou flottants, des cordages rigides ou de dimensions différentes, des cordages glissants et des cordages subissant de violentes secousses. Une fois qu'il a été sous tension, il est difficile à défaire.

— *Noeud d'ancre (ou tour mort et deux demi-clés)* (pho. 19) — Pour amarrer solidement une embarcation, attacher un animal ou un cordage à un piquet. Il est facile à exécuter, ne se coince pas et peut supporter de grandes tensions sans glisser. On peut faire une surliure (brin libre sur brin dormant) pour plus de sécurité.

— *Noeud coulant (ou noeud de laguis)* (pho. 20) — Pour faire un oeil coulant à l'extrémité d'un cordage. *N.B.:* Il ne s'emploie jamais autour du corps.

— *Noeud de galère (ou noeud coulant)* (pho. 21) — C'est un noeud plus simple à exécuter que le noeud précédent et on peut très bien l'utiliser pour attacher rapidement un cordage à une tige.

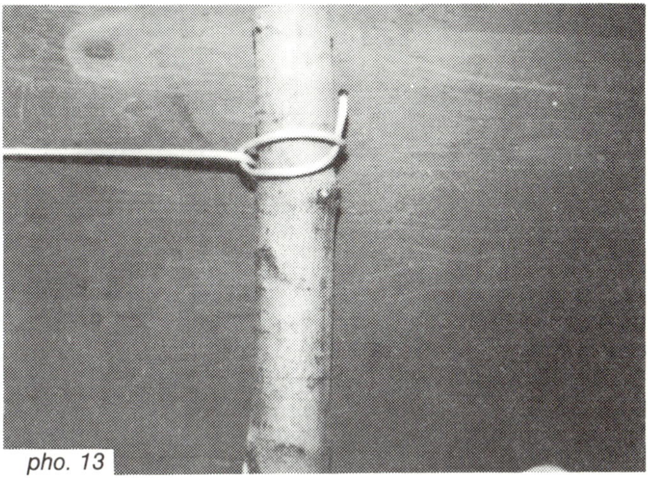

LE NOEUD DEMI-CLÉ

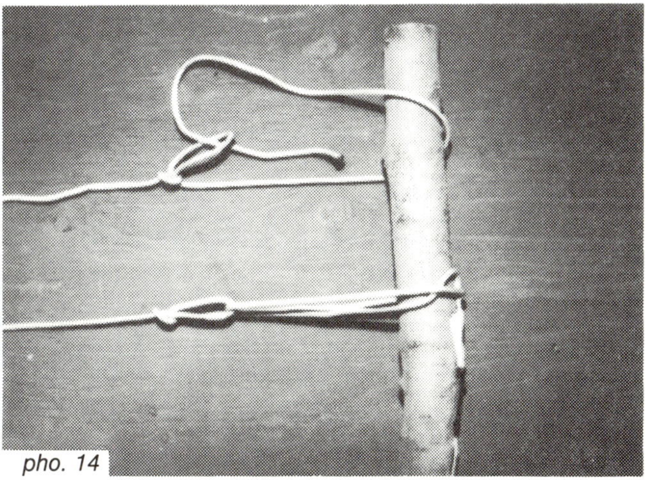

LE NOEUD D'ÉVADÉ

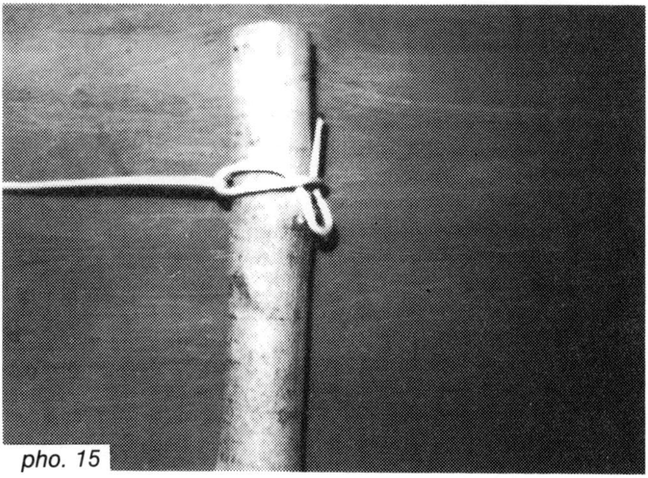
pho. 15

LE NOEUD DE BOIS

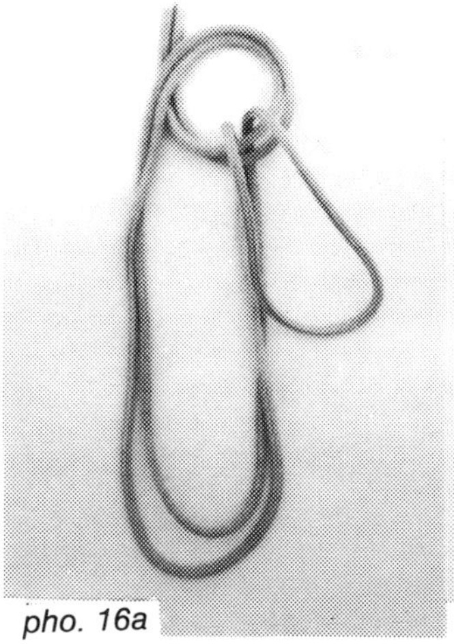
pho. 16a

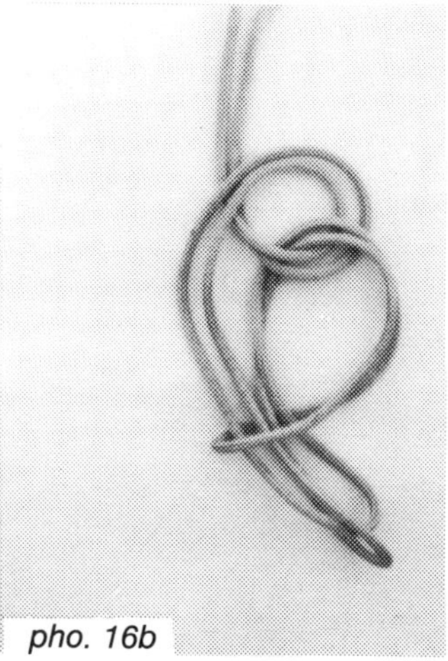
pho. 16b

LE NOEUD DE CHAISE DOUBLE

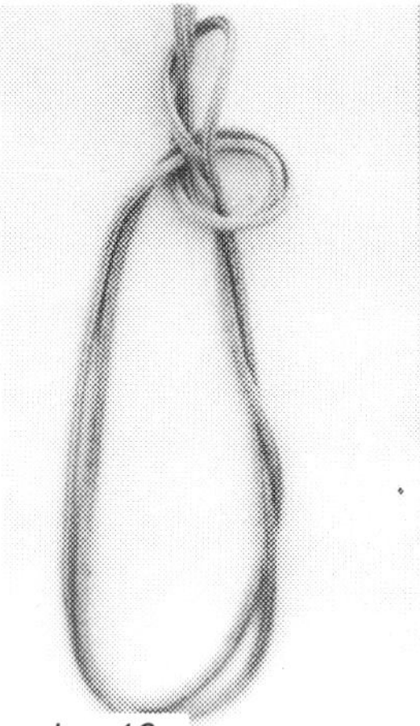

pho. 16c

pho. 16d

LE NOEUD DE CHAISE DOUBLE

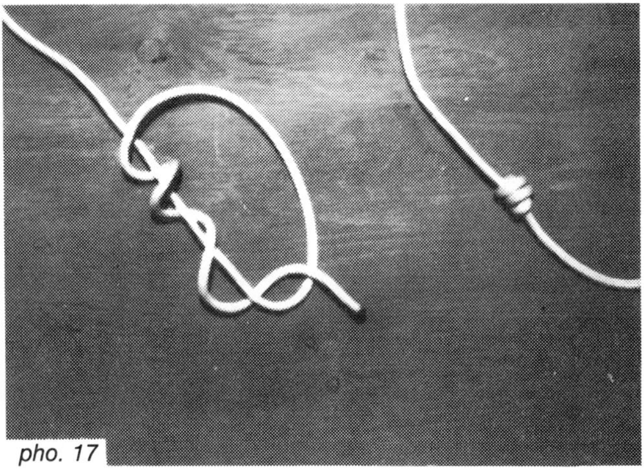

pho. 17

LE NOEUD DE CAPUCIN

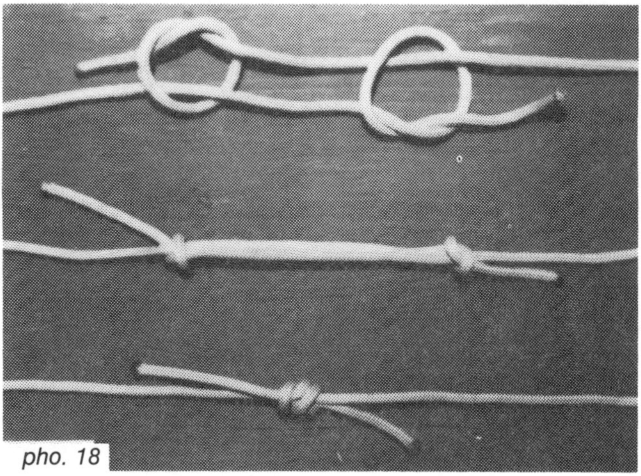

pho. 18

LE NOEUD DE PÊCHEUR

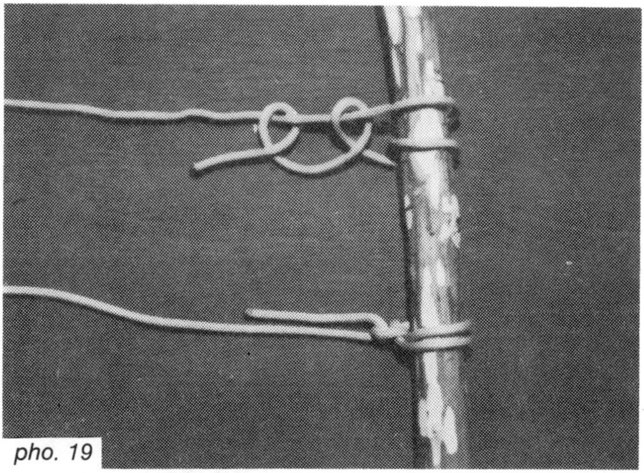

pho. 19

LE NOEUD D'ANCRE

— *Noeud de vache (ou noeud de carrick)* (pho. 22) — Il sert à nouer ensemble de gros câbles ou des liens de paille, de foin tressé ou de branches flexibles. C'est un des noeuds les plus résistants et qui ne peut se coincer. Lorsqu'il supporte une charge, il se resserre considérablement. Il est facile à défaire.

— *Noeud de jambe de chien* (pho. 23) — On l'utilise pour raccourcir temporairement un cordage sans le couper ou pour renforcer un cordage endommagé. Bien fait, il est assez sûr lorsque soumis à une tension constante. Il est particulièrement utile si les extrémités du cordage sont attachées parce qu'il peut être répété n'importe où sur sa longueur. Il n'en sera que plus sûr si on le bloque avec des surliures.

— *Noeud de fouet* (pho. 24) — Il est utilisé pour attacher un cordage à un autre plus gros ou encore, parallèlement à un tronc d'arbre ou à un poteau.

— *Noeud d'écoute simple* (pho. 25) — Il est utilisé pour attacher l'extrémité d'un cordage à un petit anneau, à un crochet ou à l'oeil d'un autre cordage. Il est efficace seulement si le cordage est sec et non glissant. De plus la tension doit être constamment maintenue.

— *Noeud d'écoute double* (pho. 26) — Ce noeud est plus sûr que le précédent et peut être fait avec des cordages mouillés ou glissants.

— *Noeud de pendu* (pho. 27) — S'il est exécuté avec la technique appropriée, il permet une mise à mort rapide et propre. Bien entendu, il peut servir à d'autres fins.

— *Noeud triple coulissant* (pho. 28) — Il est utilisé pour assujettir la corde d'assurance d'une ceinture de sécurité à un câble en nylon.

— *Noeud d'échafaudage* (pho. 29) — On l'utilise pour attacher une étroite plate-forme constituée de rondins ou d'un madrier et servant d'échafaud, lors d'une excursion de chasse par exemple.

— *Noeud gueule-de-raie* (pho. 30) — On fait ce noeud pour attacher le milieu d'un cordage à un crochet. Il ne se coince pas et se défait de lui-même lorsqu'on enlève le crochet. En premier lieu, on doit faire deux boucles dans le cordage et ensuite les tordre vers l'extérieur.

BRÊLAGES

— *Brêlage carré* (pho. 31a, b et c) — Sert à relier perpendiculairement deux tiges. On utilise un noeud à capeler pour débuter et un autre pour terminer.

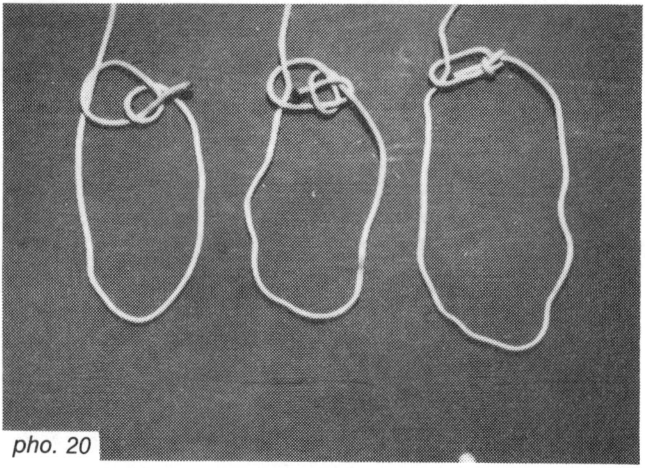

pho. 20

LE NOEUD COULANT

pho. 21

LE NOEUD DE GALÈRE

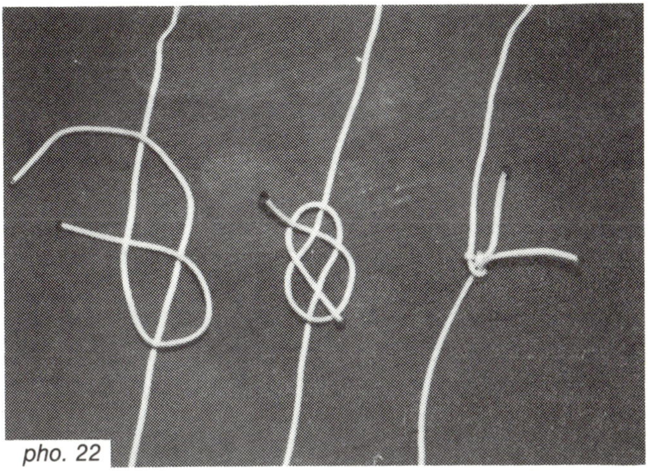

pho. 22

LE NOEUD DE VACHE

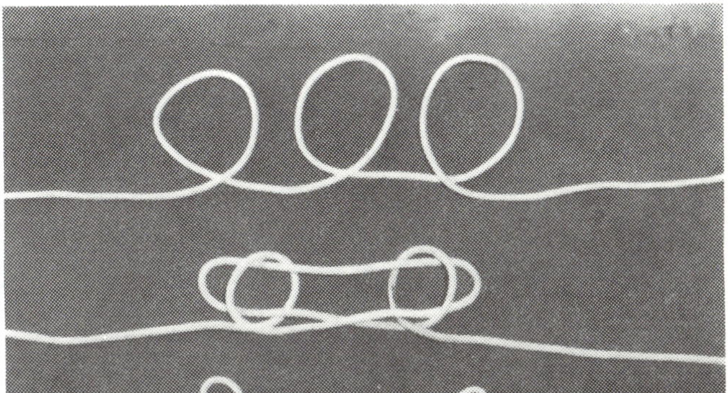

pho. 23

LE NOEUD DE JAMBE DE CHIEN

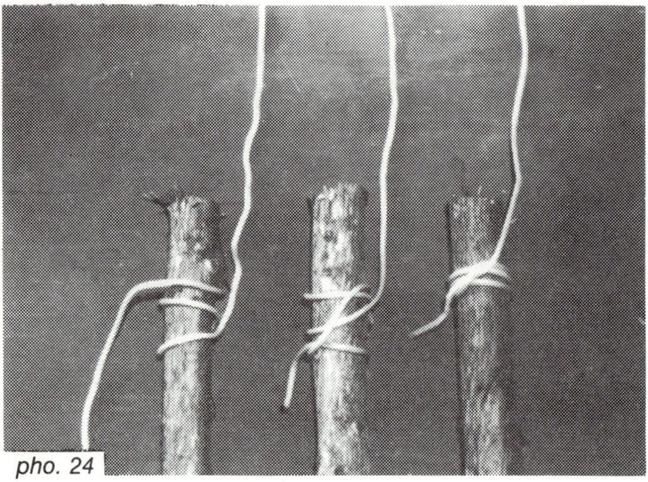

pho. 24

LE NOEUD DE FOUET

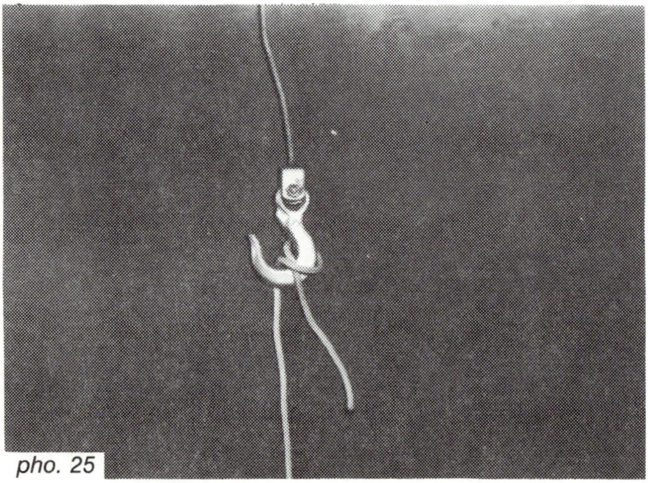

pho. 25

LE NOEUD D'ÉCOUTE SIMPLE

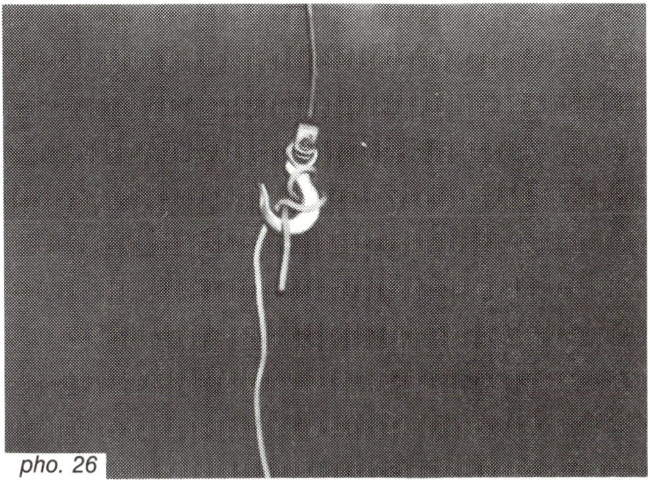

pho. 26

LE NOEUD D'ÉCOUTE DOUBLE

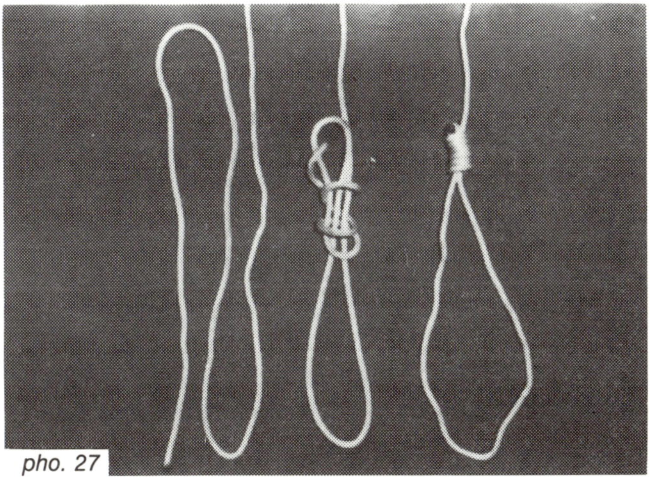

pho. 27

LE NOEUD DE PENDU

— *Brêlage en huit* (pho. 32a et b) — Pour relier deux tiges qui doivent tourner l'une sur l'autre (penture). Là aussi, il est recommandé d'utiliser un noeud à capeler pour débuter et un autre pour terminer.

— *Brêlage long* (pho. 33a et b) — Pour relier solidement deux tiges bout à bout. En fait, il s'agit d'une surliure que l'on termine en rejoignant par un noeud les deux extrémités du cordage utilisé.

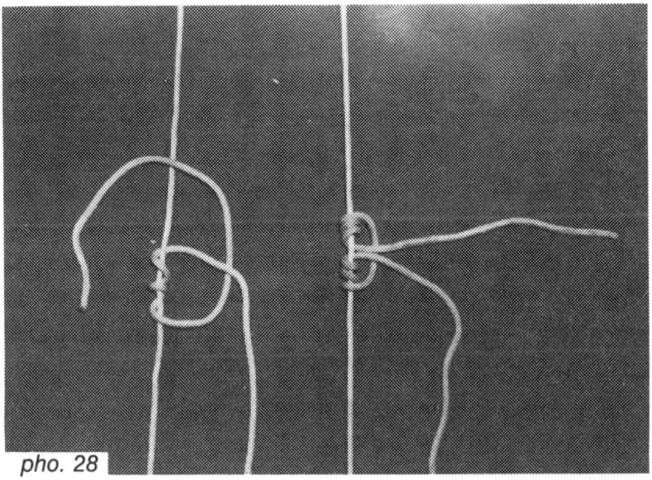

pho. 28

LE NOEUD TRIPLE COULISSANT

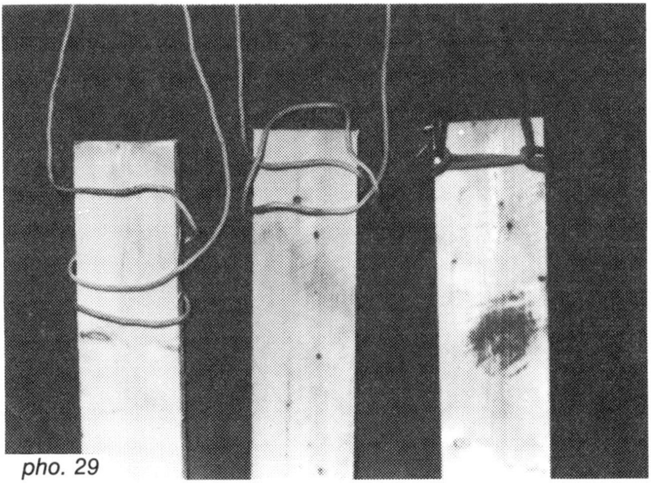

pho. 29

LE NOEUD D'ÉCHAFAUDAGE

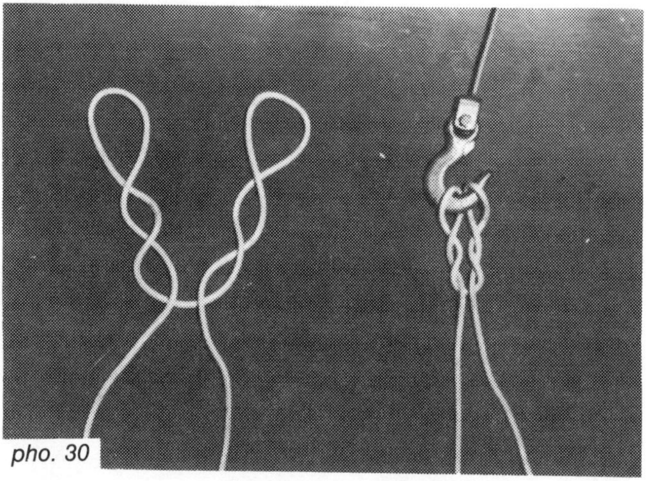

pho. 30

LE NOEUD GUEULE-DE-RAIE

pho. 31a

pho. 31b

pho. 31c

BRÊLAGE CARRÉ

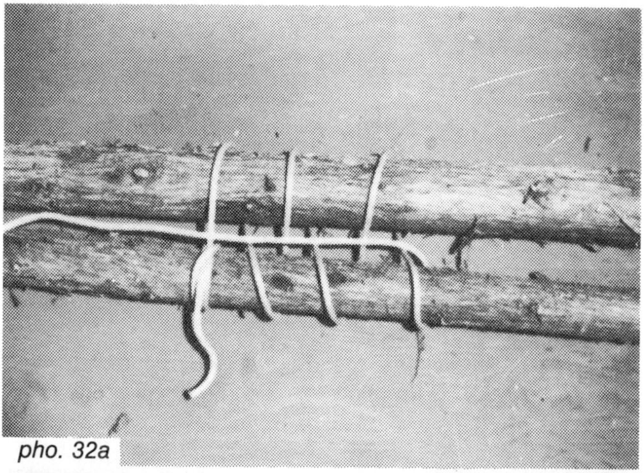

pho. 32a

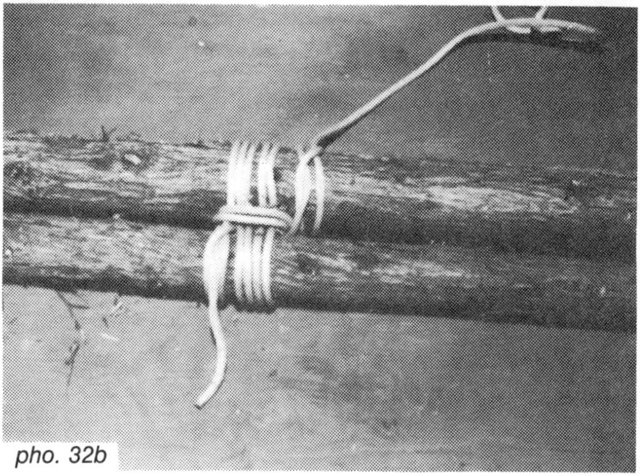

pho. 32b

BRÊLAGE EN HUIT

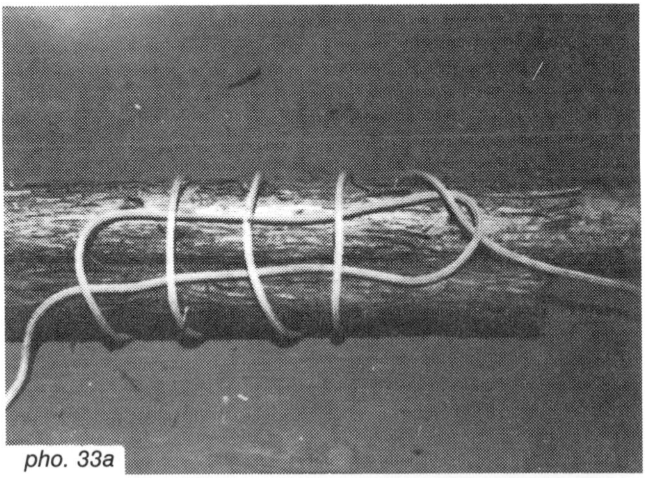

pho. 33a

pho. 33b

BRÊLAGE LONG

CHAPITRE III

LES PLANTES

Dans ce chapitre, les soixante plantes classées par ordre alphabétique ont été sélectionnées pour quatre raisons principales:

1- Elles sont faciles à identifier.
2- Elles sont toutes forestières ou poussent à l'orée des bois.
3- Elles sont fréquentes dans leurs habitats.
4- À l'exception de «l'Apocyn à feuilles d'Androsème» et du «Sumac grimpant» que l'on nomme communément «Herbe à la puce», elles ont toutes des propriétés comestibles, médicinales ou pratiques.

Chaque description de plante comprend l'appellation française officiellement reconnue, suivie du nom latin et de la désignation anglaise. Parfois, sont ajoutés un ou plusieurs termes couramment utilisés en français.

Par la suite, la dite plante est décrite sous forme vulgarisée.

Les *** signifient son utilisation (comestible, médicinale ou autre).

Mais avant de passer à l'étude de ces plantes, il est indispensable de posséder quelques notions de botanique.

N.B.: Aucun champignon n'est décrit dans ce chapitre, mais pour les amateurs de plein air voulant s'adonner à la mycologie, je suggère le livre de Denis LEBRUN et Anne-Marie GUÉRINEAU (voir bibliographie).

LA RÉCOLTE DES PARTIES UTILISÉES DANS LE BUT D'UNE CONSERVATION À LONG TERME

La *partie souterraine* doit être cueillie préférablement au printemps ou à l'automne. Au printemps, on effectue la cueil-

FLEUR TYPIQUE

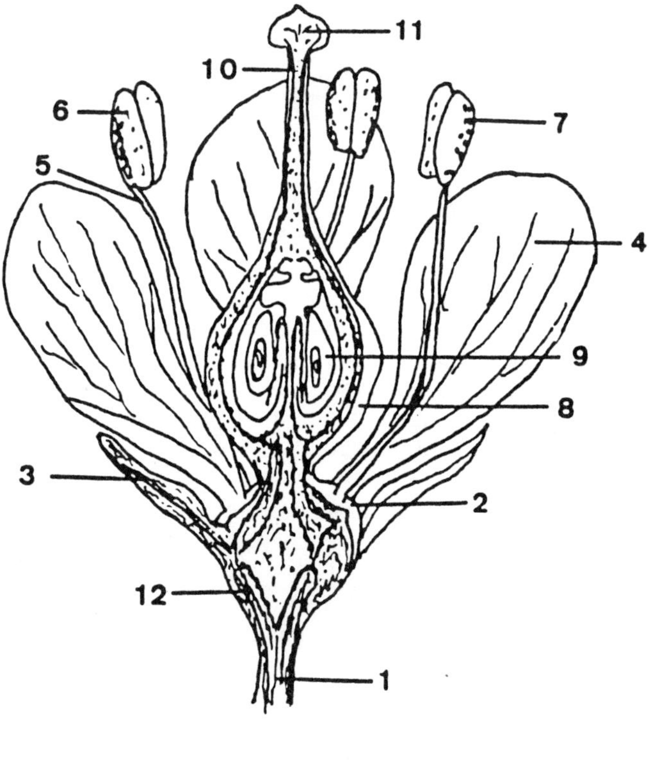

1– Pédoncule
2– Réceptacle
3– Sépale
4– Pétale
5– Filament } Étamine
6– Anthère }

7– Pollen
8– Ovaire } Pistil
9– Ovule }
10– Style }
11– Stigmate }
12– Système vasculaire

DISPOSITION DES FEUILLES SUR LA TIGE

Basilaire

Alternée

Opposée

Verticillée

Fasciculée

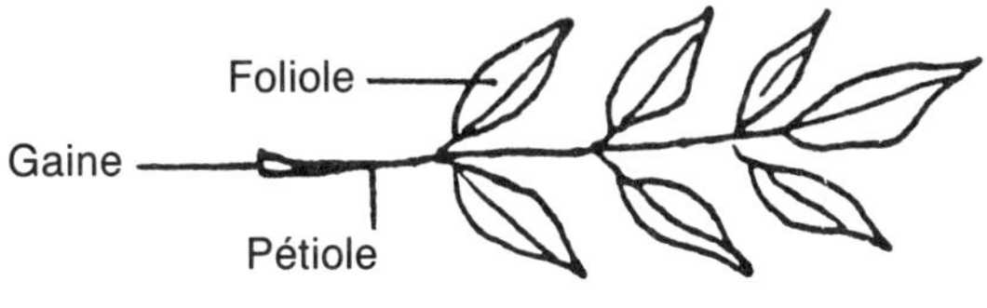

Feuille composée

TYPES D'INFLORESCENCE

Ombelle

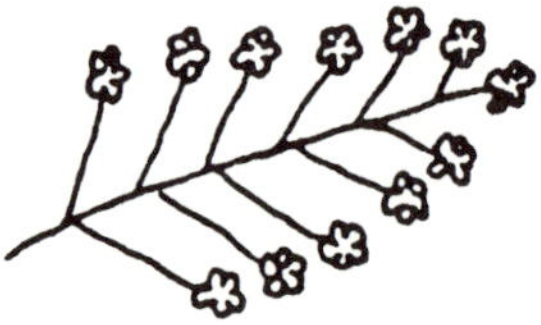

Grappe

Épi

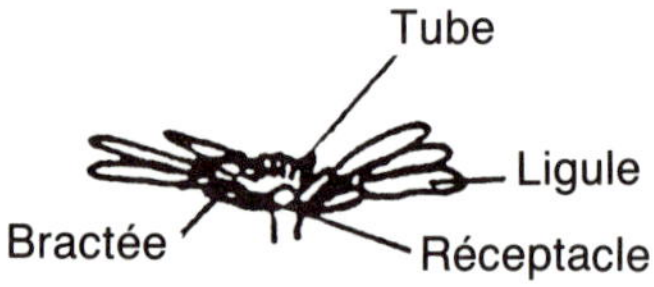

Capitule

LES PARTIES SOUTERRAINES

Bulbe

Racine

Rhizome

lette au moment où les feuilles commencent à se développer. À l'automne, on la fait après la chute des feuilles.

Les *feuilles* se cueillent si possible au début de la floraison. À cette période du développement elles possèdent leurs propriétés maximales.

Les *fleurs* doivent être récoltées avant leur pleine maturité.

Les *écorces* du tronc ou des branches se récoltent préférablement au printemps, avant la floraison.

Les *graines* se récoltent lorsqu'elles sont bien mûres, sinon elles se conservent difficilement.

N.B. : Il est très important de laisser suffisamment de spécimens afin de permettre la reproduction.

En général, il faut récolter les plantes par temps sec. Cueillies humides, elles pourrissent en séchant.

Il ne faut pas cueillir les parties avariées.

POUR LES FAIRE SÉCHER

Le séchage des plantes peut se faire de plusieurs façons, mais à mon avis, le procédé le plus simple consiste à étaler les plantes sur un treillis placé dans un endroit aéré, sec et protégé du soleil. Si on doit en faire sécher une petite quantité, on peut les disposer sur du papier propre ou les suspendre par la base en petits paquets.

POUR LES CONSERVER

Il faut les protéger de la lumière, de l'humidité, de la chaleur, de la poussière et des insectes. Les pots de verre avec un bouchon de liège sont conçus à cet effet.

QU'EST-CE QU'UNE DÉCOCTION?

Selon Michel Boudreault[1],

> «Une *décoction* consiste à faire bouillir en vase clos la plante réduite en petits morceaux dans de l'eau ou tout autre liquide pendant 10-30 minutes, puis filtrer avant la consommation. Ce procédé s'applique généralement à la partie souterraine, l'écorce ou bien les fruits de la plante.»

---

1 BOUDREAULT, Michel, *Guide pratique des plantes médicinales du Québec*, Les éditions Le Patrimoine, 1979, p. 6.

QU'EST-CE QU'UNE INFUSION?

Toujours selon Michel Boudreault.

«On prépare une *infusion* en versant de l'eau bouillante sur la plante et en la laissant reposer pendant 5-15 minutes avant de filtrer. Il faut prendre bien soin de couvrir le récipient de façon à éviter l'évaporation. Ce procédé est généralement utilisé pour les parties tendres des végétaux».

«*N.B.*:La décoction ou l'infusion doit se faire préférablement dans des récipients d'acier inoxydable, de terre ou d'émail.»

1- *Airelle à feuilles étroites — Vaccinium angustifolium* — Blueberry — (Bleuet) (pho. 1)

— Arbuste: haut de 16 à 60 cm (7 à 24 po).
— Feuilles: alternées, 2 fois plus longues que larges et pointues au sommet.
— Rameaux: verruqueux, verdâtres et sans poils.
— Fleurs: en forme de tubes, blanches ou rosées, en masse serrée. Floraison au milieu du printemps (mai-juin).
— Fruits: baies bleu noirâtre, mûres en août-septembre.
— Habitats: terrains secs ou humides, surtout les tourbières et les terrains perturbés.

On la retrouve partout au Québec, surtout au nord.

*** Les fruits sont délicieux. Pour les conserver, on peut les faire sécher ou les faire bouillir pendant une dizaine d'heures, jusqu'à consistance d'une pâte solide.

2- *Amélanchier glabre — Amélanchier laevis* — Glabrous Shadbush — (Petites poires) (pho. 2)

— Arbrisseau: haut de 2 à 9 m (7 à 30 pieds).
— Feuilles: alternées, dentées, avec le sommet pointu.
— Fleurs: nombreuses et blanches. Floraison au début du printemps.
— Fruits: baies pourpre foncé qui ont la particularité de garder le calice de la fleur au sommet. Mûrs en juillet.
— Habitats: lieux secs (caps rocheux) et bordure des bois.

On le retrouve partout au Québec.

*** Les fruits se consomment crus ou préférablement, cuits ou séchés.

Les Indiens ajoutaient ces fruits (séchés) à de la viande séchée pour fabriquer leur légendaire pemmican. Il y a plusieurs espèces d'amélanchiers au Québec (environ 6). Leurs fruits sont tous comestibles.

pho. 1

AIRELLE À FEUILLES ÉTROITES (avec fruits)

pho. 2

AMÉLANCHIER GLABRE (avec fruits)

3- *Apios d'Amérique* — *Apios americana* — Ground nut — (Pénacs, patates en chapelets) (pho. 3)

— Plante: grimpante, avec un rhizome portant des renflements en forme de tubercules (patates) réunis en chapelet.
— Feuilles: composées, possédant 5 à 7 paires de folioles élargies à la base.
— Fleurs: pourpre brunâtre, longues de 10 à 12 mm (3/8 à 1/2 po) portées en grappe. Odeur particulière et peu agréable. Floraison en août.
— Habitats: rivages argileux.

On le retrouve abondamment le long du St-Laurent, jusqu'à l'eau salée.

*** Les tubercules se consomment comme des pommes de terre.

4- *Apocyn à feuilles d'Androsème* — *Apocynum androsaemifolium* — Spreading Dogbane — (Herbe à la puce) (pho. 4)

— Arbuste: aux branches rougeâtres et étalées, haut de 30 à 120 cm (12 à 45 po).
— Feuilles: opposées, ovales et pointues.
— Fleurs: rosées, en forme de cloche. Floraison durant l'été (juin-juillet).
— Habitats: surtout les bordures des champs et le long des chemins.

On le retrouve communément dans le Québec.

*** Peu de gens sont allergiques à cette plante. Pour ceux qui le sont, l'action nocive est beaucoup moins grave que celle du Sumac grimpant (p. 138).

5- *Aralie à tige nue* — *Aralia nudicaulis* — Wild Sarsaparilla — (Salsepareille) (pho. 5)

— Plante: à rhizome peu enfoncé, haute de 20 à 45 cm (8 à 18 po).
— Feuille: unique, composée, en 3 parties elles-mêmes découpées.
— Fleurs: regroupées en 3 ombelles rondes. Floraison en juin.
— Fruits: petits et rouge vin (presque noirs). Ils sont mûrs en juillet.
— Habitats: les forêts mixtes.

On la retrouve abondamment, dans son habitat, jusqu'à la latitude de la Baie-James et du Labrador.

*** Les fruits sont comestibles.

Avec du rhizome séché, on peut faire un thé qui a bon goût et qui est aussi un sudorifique purifiant le sang. (1 c. à thé par tasse).

pho. 3

APIOS D'AMÉRIQUE (avec fleurs)

pho. 4

APOCYN À FEUILLES D'ANDROSÈME
(avec fleurs)

Le rhizome frais et écrasé, peut servir à préparer un cataplasme qui réduit les enflures et soigne les infections.

6- *Ariséma rouge foncé — Arisema atrorubens* — Jack-in-the-pulpit — (Petit prêcheur) (pho. 6)

— Plante: vivace, haute de 20 à 100 cm (8 à 40 po), à rhizome ayant la forme d'une demi-sphère.
— Feuilles: au nombre de 2 et chacune divisée en 3 parties.
— Fleurs: petit cylindre arrondi, entouré d'une bractée à rayures brunes et blanches, repliée sur le dessus. Floraison en mai.
— Habitats: bois frais et humides, principalement les forêts de feuillus bordant les cours d'eau.

On le retrouve jusqu'à la latitude du Saguenay. Il est absent de la Gaspésie sauf dans la baie des Chaleurs.

*** Le rhizome frais contient un suc, qui, mis en contact avec la muqueuse buccale, entre en activité au bout de quelques minutes pour produire une sensation de brûlure intense.

Bouilli durant 15 minutes, il devient comestible. Découpé, bien séché et broyé, il donne une bonne farine.

7- *Asaret du Canada — Asarum canadense* — Wild Ginger — (Gingembre sauvage) (pho. 7)

— Plante: vivace, poilue, à rhizome courant en surface, haute de 10 à 18 cm (4 à 7 po).
— Feuilles: veloutées et en forme de rein.
— Fleur: pourpre brunâtre et cachée à la base des feuilles. Floraison au milieu du printemps (fin mai).
— Habitats: érablières riches et rives calcaires.

On le retrouve en Gaspésie, dans les basses terres du St-Laurent et le centre du Québec.

*** Le rhizome peut se manger cru. Mais il est préférable de le faire sécher et le réduire en poudre avant de l'utiliser tel le gingembre importé.

8- *Asclépiade commune — Asclépias syriaca* — Common Milkweed — (Cochon de lait) (pho. 8)

— Plante: possédant une forte tige poilue, haute de 100 à 150 cm (40 à 60 po) et renfermant un latex blanc et collant.
— Feuilles: épaisses, opposées, avec le dessous velouté.
— Fleurs: roses, se regroupant pour former des boules. Floraison, au début de l'été (juin-juillet).
— Habitats: lieux recevant beaucoup de lumière, et, préférablement, les sols sablonneux.

On la retrouve partout au Québec.

ARALIE À
TIGE NUE
(avec fleurs)

pho. 5

pho. 6

ARISÉMA ROUGE FONCÉ (avec fleur)

pho. 7

ASARET DU
CANADA
(avec fleur)

pho. 8

ASCLÉPIADE
COMMUNE
(jeune)

*** Les parties comestibles sont: les jeunes pousses ne dépassant pas 20 cm (8 po), les jeunes feuilles, les boutons floraux et les fleurs ou les jeunes fruits.

Méthode de cuisson: — Faire bouillir le tout 3 minutes — changer l'eau et répéter l'opération — changer l'eau et laisser mijoter pendant 7 minutes... Délicieux.

9- *Aster à grandes feuilles* — *Aster macrophyllus* — Large-leaved Aster — (Pétouane) (pho. 9)

— Plante: haute de 60 à 100 cm (24 à 40 po), munie de glandes ressemblant à des poils.
— Feuilles: de base, au nombre de 3 à 4, en forme de coeur allongé, épaisses et possédant une queue. Souvent, on ne retrouvera que ces trois ou quatre feuilles formant ainsi de nombreuses touffes stériles.
— Fleurs: petites, à rayons violets, serrées les unes contre les autres et situées au bout d'une queue feuillée. Floraison, à la fin de l'été (août).
— Habitats: tous les types de forêts.

On le retrouve jusqu'à la latitude du Lac-Saint-Jean.

*** Les jeunes feuilles de base se consomment cuites comme des légumes.

Ces mêmes feuilles, une fois séchées, peuvent servir de tabac.

10- *Aubépine sp.* — *Crataegus sp.* — Hawthorn — (Cenellier) (pho. 10)

— Arbrisseau: haut de 2 à 8 m (6 à 25 pieds), avec rameaux parsemés de solides épines.
— Feuilles: alternées, simples, grossièrement dentées ou divisées en lobes.
— Fleurs: avec 5 pétales blancs. Floraison, au milieu du printemps (mai-juin).
— Fruits: charnus et renfermant un noyau à une seule graine, mûrs à la fin de l'été et de couleurs différentes selon les espèces.
— Habitats: terrains secs et lieux incultes. Généralement près des endroits habités.

On le retrouve partout au sud de la région des forêts d'épinettes.

*** Le fruit est comestible, mais le goût varie d'une espèce à l'autre. On compte environ 800 espèces en Amérique du Nord.

pho. 9

ASTER À GRANDES FEUILLES
(partie stérile)

pho. 10

AUBÉPINE (avec fruits)

pho. 11

AULNE
RUGUEUX
(avec fleurs)

pho. 12

BOULEAU
À PAPIER
(l'écorce)

Ses épines peuvent servir à confectionner des hameçons ou des aiguilles à coudre, à retenir les coins d'un panier fait d'écorce de bouleaux, etc.

11- *Aulne rugueux — Alnus rugosa* — Rough Alder (pho. 11)

— Arbrisseau: pouvant atteindre une hauteur de 6 m (21 pieds), poussant en touffes, avec un tronc tordu et penché.
— Écorce: lisse, brun rougeâtre, portant de petites cicatrices horizontales et orangées.
— Feuilles: épaisses, plissées, vert foncé, ayant le dessous blanchâtre avec des poils sur les nervures.
— Fleurs: regroupées sous forme de chatons apparaissant avant les feuilles, au début du printemps. Chatons mâles, plus longs que les femelles.
— Habitats: les lieux humides, surtout le long des cours d'eau.

On le retrouve dans tout le Québec, même au-delà de la limite des arbres.

*** La jeune écorce interne et les bourgeons sont comestibles.

12- *Bouleau à papier — Betula papyrifera* — White Birch — (Bouleau blanc, bouleau à canot) (pho. 12)

— Arbre: parfois penché et tordu, dépassant rarement 25 m (80 pieds). Cime, de forme ovale. Ne tolère pas l'ombre.
— Écorce: mince, lisse, brun foncé au début, puis blanc-crème à blanc rosâtre se détachant facilement en bandes horizontales.
— Rameaux: longs et minces, poilus au début, devenant luisants et brun rougeâtre, tachetés de cicatrices blanchâtres. Bourgeons légèrement résineux, légèrement duveteux et pointus.
— Feuilles: alternées, simples et en forme d'oeuf avec des dents doubles dans son pourtour.
— Fruits: noix minuscules à deux ailes contenues dans un épi suspendu qu'on appelle un strobile.
— Habitats: variés.

On le retrouve un peu partout au Québec.

*** L'écorce est le meilleur allume-feu que l'on puisse trouver en forêt. De plus, après l'avoir laissée tremper quelques heures dans l'eau et l'avoir assouplie, on peut en confectionner des vêtements, des paniers, un sac à dos, et bien d'autres objets.

La partie interne de l'écorce est comestible crue, rôtie ou séchée, mais de préférence bouillie. (Toutefois, le goût n'est jamais agréable).

N.B.: Si vous avez besoin d'un peu d'écorce pour allumer un feu, il n'est pas nécessaire d'arracher toute l'épaisseur de cette dernière sur le pourtour entier du tronc. En faisant cela vous «annelez» l'arbre. Autrement dit vous le tuez. N'utiliser que les morceaux d'écorce qui se soulèvent d'eux-mêmes est une forme de civisme que tous devraient pratiquer.

13- *Cerisier de Pennsylvanie — Prunus pensylvanica* — Wild Red Cherry (Petit merisier) (pho. 13)

— Arbrisseau: haut de 3 à 8 m (10 à 15 pieds). Tronc droit et branches ascendantes.
— Écorce: lisse, brun rougeâtre, avec des petites cicatrices saillantes et orangées disposées horizontalement.
— Rameaux: rouge vif, sans poils, luisants, longs et minces.
— Feuilles: alternées, simples, en forme de lance, à bout pointu et finement dentées.
— Fruits: ronds, rouge pâle, mûrs en août. Ils portent une longue queue.
— Habitats: les superficies déboisées ou brûlées.

On le retrouve partout. (C'est une essence colonisatrice).

*** Le fruit est légèrement amer, mais comestible.

14- *Cerisier de Virginie — Prunus virginiana* — Choke Cherry — (Cerisier à grappes) (pho. 14)

— Arbrisseau: tordu et penché, haut de 3 à 4 m (10 à 13 pieds).
— Écorce: lisse, grisâtre ou brun rougeâtre. Elle devient écailleuse chez les vieux sujets.
— Rameaux: lisses et bruns.
— Feuilles: simples, alternées, plus large au-dessus du milieu et se terminant brusquement en pointe effilée. Très finement dentées.
— Fruits: cerises rondes de 8 à 10 mm (3/8 à 5/8 po) de diamètre, rouges ou noirâtres. Mûrs en août-septembre.
— Habitats: variés, mais surtout dans les lieux ouverts près d'un point d'eau.

On le retrouve jusqu'à la latitude de l'île d'Anticosti.

*** Les fruits sont comestibles et délicieux, mais ils épaississent la bouche à cause de leur propriété astringente. Il est possible de diminuer cette propriété en lavant, salant et battant les cerises dans un vase clos.

15- *Chêne rouge — Quercus rubra* — Red Oak (pho. 15)

— Arbre: très beau, haut de 19 à 25 m (60 à 80 pieds). Son fût est long et sans branches. Sa cime est arrondie et formée de grosses branches. Le chêne le plus répandu au Canada.

pho. 13

CERISIER DE PENNSYLVANIE (rameau et feuilles)

pho. 14

CERISIER DE VIRGINIE (avec fleurs)

pho. 15

CHÊNE ROUGE (feuilles et fruits)

pho. 16

CHIOGÈNE
HISPIDE

— Écorce: lisse, brun rougeâtre au début, puis devient plus foncée et rougeâtre avec des sillons peu profonds.
— Rameaux: gros, rouge foncé à brun verdâtre et lisses. Bourgeon terminal, accompagné de plusieurs latéraux.
— Feuilles: alternées, simples, vert jaunâtre et divisées en 6 à 11 lobes subdivisés.
— Fruits: glands implantés dans une sorte de petit béret qui se nomme cupule.
— Habitats: lieux ouverts avec des sols secs (rocheux).

On le retrouve jusqu'à la latitude des grandes forêts mixtes. Il est absent à l'est à partir de la Malbaie et il est absent au Lac-Saint-Jean.

*** Les fruits sont nourrissants et abondants, mais très amers. On peut en faire un succédané du café en grillant l'amande et en la réduisant en poudre.

16- *Chiogène hispide* — *Chiogene hispidula* — Snowberry — (Petit thé) (pho. 16)

— Arbuste: minuscule, rampant, long de 15 à 30 cm (6 à 12 po).
— Feuilles: alternées, presque rondes et portées sur deux rangs.
— Fleurs: portées sur des queues recourbées. Floraison à la fin du printemps (juin).
— Habitats: surtout les bois de conifères frais et humides.

On le retrouve abondamment au nord de la province.

*** Il possède plus ou moins les mêmes caractéristiques que la Gaulthérie couchée (voir p. 116).

17- *Cladonie* — *Cladonia sp.* — (Tripes de roches, mousses à caribou, lichens) (pho. 17)

La cladonie contraste beaucoup avec la végétation ambiante par sa couleur jaune clair, crème blanchâtre ou gris cendré.

On la retrouve partout jusqu'à l'Extrême-Nord.

*** Elle se mange seulement après avoir été trempée dans l'eau pendant plusieurs heures, puis séchée, émiettée et bouillie une dizaine de minutes. Ensuite on peut la consommer telle quelle, ou dans des soupes.

18- *Clintonie boréale* — *Clintonia borealis* — Yellow Clintonia (pho. 18)

— Plante: vivace, à rhizome, haute de 10 à 20 cm (4 à 8 po).
— Feuilles: au nombre de 2 à 5, elles partent de la base, luisantes, à nervures parallèles.

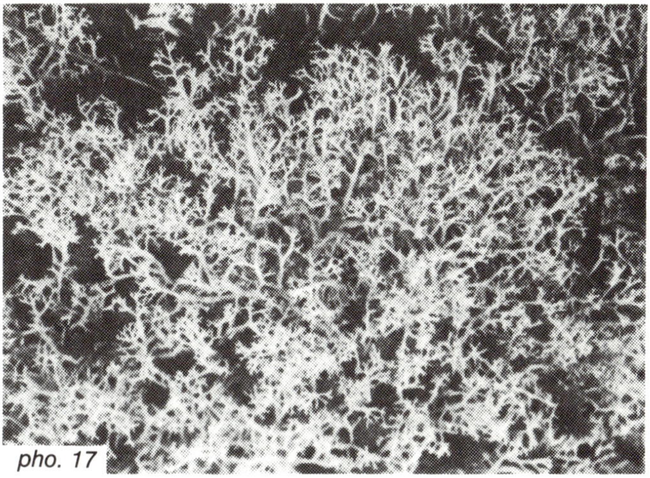

pho. 17

CLADONIE

pho. 18

CLINTONIE BORÉALE (avec fleurs)

— Fleurs: jaune verdâtre et portées en ombelle au bout d'une longue queue. Floraison à la fin du printemps (juin).
— Fruits: baies bleu foncé.
— Habitats: les bois humides et froids.

On la retrouve fréquemment jusqu'à la latitude de la Baie-James.

*** Les jeunes feuilles du printemps sont comestibles surtout si elles sont cuites.

Les feuilles fraîches écrasées en quantité sur le visage et les mains combattent *sensiblement* le harcèlement des insectes.

N.B. : Le fruit est toxique.

19- *Coptide du Groenland* — *Coptis groendlandica* — Goldthread — (Savoyane) (pho. 19)

— Plante: petite, haute de 3 à 13 cm (1 à 5 po), qui a la caractéristique de posséder un petit rhizome jaune or.
— Feuilles: vert foncé, luisantes et divisées en trois parties. Elles possèdent chacune une grande queue qui va s'attacher à la base de la plante.
— Fleur: unique, petite, blanche, avec 5 à 7 pétioles, portée sur une longue queue fragile. Floraison au milieu du printemps (fin mai).
— Habitats: les bois de conifères.

On la retrouve partout au Québec.

*** Le rhizome séché et infusé est un antiscorbutique, un stomachique, un tonique et un antiseptique. On peut également le mâcher pour traiter les infections de la bouche (ulcères, abcès, maux de dents, etc.).

20- *Cornouiller du Canada* — *Cornus canadensis* — Dwarf Cornel — (Quatre temps) (pho. 20)

— Plante: haute de 7 à 20 cm (3 à 8 po), portant au sommet des feuilles regroupées en rosette.
— Fleurs: nombreuses, petites, verdâtres et entourées de 4 à 6 bractées blanc crème ressemblant à des pétales (le tout donne l'apparence d'une fleur unique). Floraison en juin.
— Fruits: ronds, rouge vif et mûrs à partir du mois d'août.
— Habitats: les bois frais et humides.

On le retrouve abondamment dans tout le Québec jusqu'à la limite des arbres (toundra).

*** Les fruits sont comestibles.

21- *Cypripède Acaule* — *Cypripedium acaule* — Stemless Lady's-slipper (Sabot de la vierge) (pho. 21)

pho. 19

COPTIDE DU GROENLAND (avec fruits)

pho. 20

CORNOUILLER DU CANADA (avec fruits)

— Plante: vivace, haute de 30 à 40 cm.
— Feuilles: au nombre de 2, longues de 15 à 20 cm (6 à 8 po) et partant directement de la base.
— Fleur: très distinctive, rose, en forme de pochette (qui est un pétale gonflé) et entourée de 2 pétales normaux et de 3 sépales. Floraison, au milieu du printemps (mai-juin).
— Habitats: très variables, mais particulièrement en terrains acides.

On le retrouve jusqu'à la latitude de la Baie-James.

*** Elle est surtout intéressante pour sa beauté. D'ailleurs, elle appartient à la famille des Orchidacées, qui renferment quelques-unes des espèces florales les plus belles et les plus rares au monde.

Son rhizome est comestible.

22– *Épilobe à feuilles étroites — Epilobium angustifolium* — Fireweed — (Bouquets rouges) (pho. 22)

— Plante: haute de 50 à 200 cm (20 à 80 po) et ramifiée dans la moitié supérieure.
— Feuilles: alternées, de forme allongée, sans queue ou presque, avec le dessous plus pâle que le dessus et la bordure légèrement roulée par en dessous.
— Fleurs: au sommet de la tige, en grappe très allongée. Comprenant 4 sépales étroites, rose foncé et 4 pétales plus pâles. Floraison à la fin de l'été.
— Fruits: secs, longs et étroits.
— Habitats: sols secs ou humides, les lieux incultes, les brûlis, etc.

On le retrouve couramment jusqu'à l'Extrême-Nord.

*** (Le texte ci-dessus est tiré de: «Plantes sauvages des villes, des champs et en bordure des chemins 2», du groupe Fleurbec, p. 34).

> «Pendant environ une semaine, les jeunes pousses (15 cm ou 6 po) remplacent agréablement les asperges; les cuire entières ou en morceaux, dans l'eau bouillante, jusqu'à tendreté ou les ajouter aux soupes ou à d'autres mets. Jeunes, les feuilles constituent un légume riche en vitamine A et C, apprécié des coureurs des bois qui la nommaient «herbe frette»; elles vieillissent cependant très rapidement et deviennent alors coriaces et amères. Une infusion pâle, douce, tonique et au goût d'herbe se prépare avec les feuilles et les fleurs. Les boutons floraux colorent salades et desserts. Goûtez à la moelle de la jeune plante comme le faisaient les Amérindiens; les tiges, débarrassées des feuilles, étaient coupées longitudinalement avec l'ongle du pouce et passées entre les dents, à la manière des feuilles d'artichaut, pour en retirer la partie interne, tendre et succulente.»

pho. 21

CYPRIPÈDE
ACAULE
(avec fleur)

pho. 22

ÉPILOBE
À FEUILLES
ÉTROITES
(avec fleurs)

23- *Épinette blanche* — *Picea glauca* — White spruce (pho. 23)

— Arbre: très branchu, haut de 20 à 25 m (65 à 80 pieds), en forme de cône, avec le sommet arrondi et terminé en longue flèche.
— Écorce: brun cendré à argent, avec l'intérieur rayé de couches brun rougeâtre.
— Rameaux: sans poils et pâles. Bourgeons arrondis ayant comme caractéristique de courtes écailles ne dépassant pas leur sommet.
— Feuilles (ou aiguilles)[2]: rigides, pointues, vert bleuâtre, à 3 ou 4 sections.
— Fruits: cônes brun clair, pendants, de forme cylindrique et longs de 4 à 5 cm (1,5 à 2 po). Ils s'ouvrent à l'automne et tombent pendant l'hiver.
— Habitats: là où il est possible de retrouver une ou plusieurs des espèces suivantes: l'épinette rouge, l'épinette noire, le sapin baumier, le bouleau et le peuplier faux-tremble.

On la retrouve, en l'occurrence, un peu partout au Québec.

*** Ses petites racines peuvent servir de cordes de secours. Ce sont surtout avec ces dernières que les Indiens cousaient l'écorce du bouleau dans la fabrication des canots.

Sa résine, est une excellente gomme à mâcher. On peut s'en servir pour rendre certaines coutures étanches ou boucher un petit trou. (Il est possible de la rendre plus ou moins liquide en la chauffant dans un bain-marie).

24- *Érable à sucre* — *Acer saccharum* — Sugar Maple (pho. 24)

— Arbre: pouvant atteindre 40 m (130 pieds).
— Écorce: grise, lisse et un peu crevassée chez les jeunes sujets; crevassée et un peu écailleuse chez les vieux.
— Rameaux: brun rougeâtre, minces et sans poils. Bourgeons terminaux pointus, avec des écailles brunes et poilues.
— Feuilles: opposées, simples et divisées de 3 à 5 lobes à échancrures arrondies.
— Fruits: disamares à graines rondes. Mûrs en automne (septembre).
— Habitats: sols moyennement drainés. Souvent associé au hêtre, à l'érable rouge et au bouleau jaune.

On le retrouve jusqu'au 47e de latitude Nord.

---

2 Puisque les aiguilles de l'épinette sont généralement quadrangulaires, en insérant l'une d'elles entre le pouce et l'index il est possible de la faire tourner sur elle-même. Il est impossible d'obtenir le même résultat avec une aiguille de sapin, ces dernières étant plates. En observant les aiguilles, vous pourrez donc différencier les deux conifères.

pho. 23

ÉPINETTE BLANCHE (ramille et cônes)

pho. 24

ÉRABLE À SUCRE (feuilles et fruits)

*** Les disamares sont comestibles après les avoir décortiquées. Elles sont délicieuses, rôties dans le beurre. Ces graines contiennent beaucoup de graisse et de protéines.

Les jeunes pousses sont comestibles fraîchement cueillies ou séchées.

On peut faire de la farine en broyant l'écorce interne des érables.

Au printemps, comme tout le monde le sait, il est possible d'en tirer une eau sucrée.

25- *Érable rouge* — *Acer rubrum* — Red maple (Plaine) (pho. 25)

— Arbre: pouvant atteindre 25 m (80 pieds).
— Écorce: gris pâle et lisse chez les jeunes sujets; se fissure pour former de longues et étroites plaques écailleuses chez les vieux.
— Feuilles: opposées, simples et divisées de 3 à 5 lobes à échancrures aiguës.
— Fruits: disamares brun rouge. Mûrs en juin.
— Habitats: sols généralement humides, mais aussi, les peuplements forestiers les plus divers.

On le retrouve abondamment jusqu'au 50e de latitude Nord.

*** Voir érable à sucre.

26- *Érythrone d'Amérique* — *Erythronium americanum* — Dog's-tooth Violet (pho. 26)

— Plante: haute de 15 à 20 cm (6 à 8 po) dont le bulbe se retrouve enfoui à environ 15 cm (6 po) dans le sol.
— Feuilles: au nombre de 2, plus longues que larges et tachetées de brun.
— Fleur: jaune et inclinée. Floraison au tout début du printemps (avril-mai).
— Habitats: tous les types d'érablières.

On la retrouve abondamment à l'ouest et au centre du Québec.

*** Les feuilles se mangent comme des légumes. Les bulbes ont bon goût, mais consommés en trop grande quantité ils peuvent faire vomir.

27- *Fraisier* — *Fragaria* — Strawberry (pho. 27)

— Plante: petite, haute de 5 à 15 cm (2 à 6 po).
— Feuilles: divisées en 3 lobes dentés et portés sur une queue poilue.

pho. 25

ÉRABLE ROUGE (feuilles et fruits)

pho. 26

ÉRYTHRONE D'AMÉRIQUE (avec fleur)

— Fleurs: à 5 pétales blancs. Floraison, au milieu du printemps (mai).
— Fruits: secs, minuscules et portés sur une excroissance du réceptacle de la fleur, que l'on nomme fraise. Mûrs à la fin de juin.
— Habitats: les lieux ouverts et secs pour le Fragaria Virginiana (fraisier des champs) et les lieux ombragés pour le Fragaria Americana (fraisier à vaches, ou des bois).

On retrouve un peu partout le fraisier des champs; le fraisier à vaches est un peu moins connu.

*** Les fraises sont délicieuses et une grosse poignée de feuilles bouillies pendant 10 minutes dans 1 litre d'eau combat les diarrhées et la dysenterie.

28- *Gadellier glanduleux — Ribes glandulosum* — Fetid Currant (pho. 28)

— Arbuste: sans épines, haut de 60 à 100 cm (24 à 40 po).
— Feuilles: alternées, aussi larges que longues et divisées comme la feuille de l'érable en 5 à 7 lobes.
— Fleurs: roses, en forme de cloche et regroupées en grappes. La floraison se fait au milieu du printemps (mai-juin).
— Fruits: baies rouge foncé, couvertes de piquants mous et glanduleux ressemblant à des «antennes de martiens».
— Habitats: tous les types de forêts et de sols.

On le retrouve même au-delà de la limite des arbres.

*** Les baies ont bon goût, malgré leur mauvaise odeur (qui disparaît lors de la cuisson).

29- *Gaulthérie couchée — Gaultheria procumbens* — Wintergreen — (Thé des bois) (pho. 29)

— Plante: à rhizome, haute de 3 à 15 cm (1 à 6 po).
— Feuilles: peu nombreuses (4 à 8), portées au sommet, épaisses, ovales et luisantes.
— Fleurs: blanches et situées à l'aisselle des feuilles. Floraison, à la fin du printemps.
— Fruits: presque ronds, rouge écarlate et dégageant une odeur semblable à la menthe.
— Habitats: les bois de conifères.

On la retrouve communément dans le Québec jusqu'à une trentaine de milles au nord du Lac-Saint-Jean.

*** Les feuilles et les fruits sont comestibles et rafraîchissent l'haleine.

De plus, la gaulthérie est réputée comme astringent, stimulant et antidiarrhéique. Elle donne aussi un excellent thé.

pho. 27

FRAISIER (avec fruits)

pho. 28

GADELLIER
GLANDULEUX
(avec fruits)

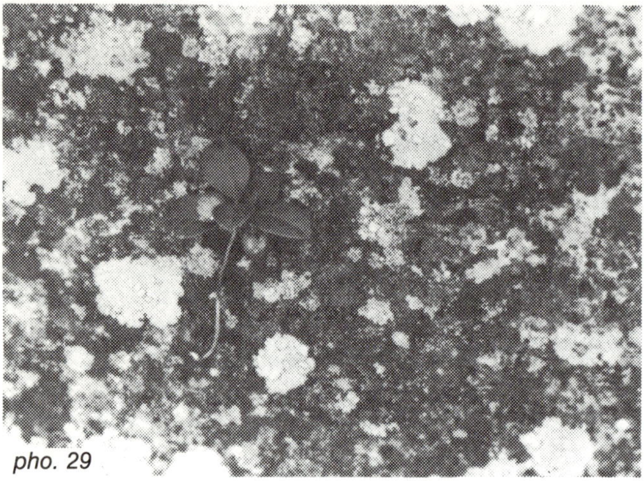

pho. 29

GAULTHÉRIE COUCHÉE (avec fruits)

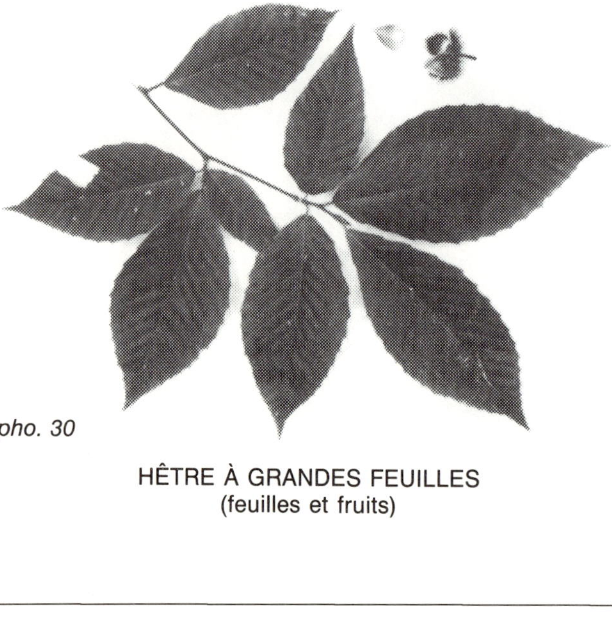

pho. 30

HÊTRE À GRANDES FEUILLES
(feuilles et fruits)

30- *Hêtre à grandes feuilles — Fagus grandifolia* — American Beech (pho. 30)

— Arbre: haut de 20 à 25 m (65 à 80 pieds). Fût droit et cime large.
— Écorce: lisse, gris-bleu pâle et mouchetées de taches foncées[3].
— Rameaux: petits, en zigzag ou rougeâtres. Bourgeons cylindriques, pointus et formant des angles ouverts avec le rameau.
— Feuilles: alternées, simples, en forme d'ellipse et entourées de dents croches.
— Fruits: triangulaires, pointus, et luisants. Souvent répandus au sol, on les cueille à l'intérieur d'une enveloppe externe brune et épineuse. Mûrs en octobre.
— Habitats: terrains riches et pentes bien drainées où pousse l'érable à sucre.

On le retrouve dans l'ouest, le centre et l'est du Québec, jusqu'à une vingtaine de milles à l'est de la ville de Québec.

*** L'amande retrouvée à l'intérieur des faînes (fruits) est délicieuse et très nourrissante. Les ours s'en régalent ainsi que les écureuils.

31- *Ledon du Groenland — Ledum groenlandicum* — Labrador Tea — (Thé du Labrador) (pho. 31)

— Arbuste: haut de 30 à 120 cm (12 à 48 po).
— Feuilles: épaisses, à bordures enroulées, vertes sur le dessus et recouvertes de poils blancs à orangés en dessous.
— Rameaux: fortement velus (comme de la laine).
— Fleurs: petites, blanches et portées en ombelle. Floraison, à la fin du printemps (juin).
— Habitats: enroits humides, particulièrement dans les tourbières et le long des cours d'eau.

On le retrouve très fréquemment dans ses habitats et cela jusqu'à l'Extrême-Nord.

*** Les feuilles donnent un thé vraiment délicieux à effets calmants. Infuser une poignée de feuilles (préférablement séchées) dans un litre d'eau.

32- *Lycope uniflore — Lycopus uniflorus* — Northern Bugleweed (pho. 32)

— Plante: haute de 10 à 80 cm (4 à 30 po), dont la partie souterraine est en forme de tubercule. Elle pousse en colonie.
— Feuilles: opposées, plus longues que larges, en forme de lance et dentées.

---

3 Ces taches sont généralement plus denses sur la face nord de l'arbre.

— Fleurs: petites, blanchâtres et groupées en masses denses à l'aisselle des feuilles. Floraison estivale.
— Habitats: lieux humides, situés surtout dans les forêts de conifères.

On le retrouve fréquemment dans ses habitats.

*** La racine a un goût semblable au radis. Cuite, elle remplace les pommes de terre.

33– *Maïanthème du Canada — Maianthemum canadense* — Wild Lily-of-the-valley — (Muguet) (pho. 33)

— Plante: petite, haute de 8 à 25 cm (3 à 10 po), à rhizome mince.
— Feuilles: généralement au nombre de 2, sans queue (ou presque), base en forme de coeur.
— Fleurs: blanc crème, petites et en grappe au bout de la tige. Floraison à la fin du printemps (juin).
— Fruits: baies jaunâtres avec des taches de rouille et devenant rouge clair par la suite. Mûrs en juillet-août.
— Habitats: les bois frais.

On le retrouve abondamment dans tout le Québec jusqu'à la latitude du Labrador.

*** Les fruits sont comestibles mais il ne faut pas en manger en trop grande quantité car ils sont purgatifs.

34– *Matteucie fougère-à-l'autruche — Matteucia Struthiopteris* — Ostrich Fern — (Tête de violon) (pho. 34a)

— Frondes[4]: en forme de lance, très grandes, pouvant atteindre 2 mètres (6,5 pieds) de hauteur et ressemblant à des plumes d'autruche.
— Fruits: au sommet d'une fronde beaucoup plus courte — 30 à 50 cm (12 à 20 po) — brun foncé et coriaces.
— Habitats: zones inondées dans les forêts feuillues.

On la retrouve en Gaspésie, dans l'ouest et le centre du Québec.

*** Tôt au printemps, les jeunes pousses (crosses non déroulées) ne dépassant pas 20 cm (8 po) de haut sont délicieuses. Après avoir enlevé les écailles brunes qui les recouvrent, on les mange nature ou préférablement bouillies pendant 7 minutes dans de l'eau salée. Les servir comme du brocoli.

N.B.: Ne cueillir que 2, 3 ou 4 crosses par couronne pour permettre la survie de la plante.

Et attention de ne pas confondre avec l'osmonde cannelle (pho. 34b) qui contient un peu d'arsenic.

---

4 Fronde: (n.f.) Nom donné à la feuille des fougères.

pho. 31

LEDON DU GROENLAND (avec fleurs)

pho. 32

LYCOPE UNIFLORE (avec fleurs)

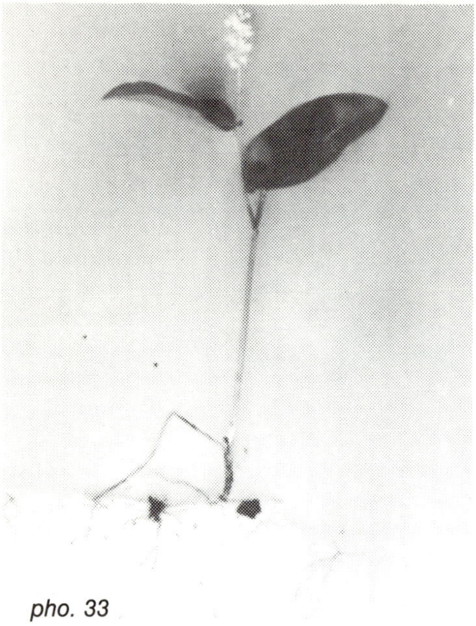

pho. 33

MAÏANTHÈME
DU CANADA
(avec fleurs)

pho. 34a

MATTEUCIE
FOUGÈRE-
À-L'AUTRUCHE
(crosses
comestibles
et frondes
fructifères)

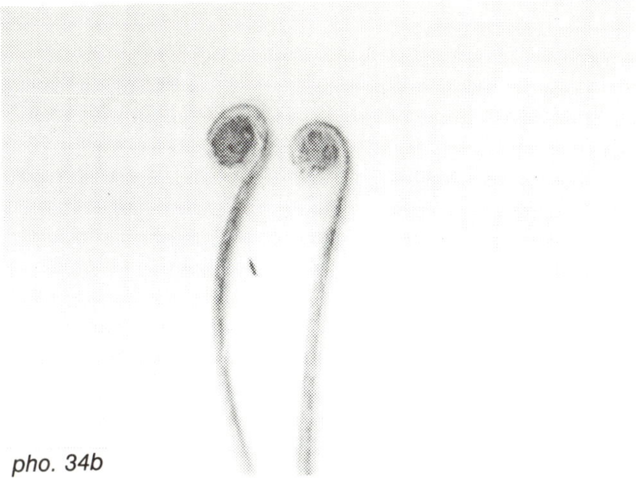

pho. 34b

Ne pas confondre avec l'OSMONDE CANNELLE

pho.35

MÉDÉOLE DE VIRGINIE (feuilles, fleurs et parties souterraines)

35- *Médéole de Virginie* — *Medeola virginiana* — Indian Cucumber-root — (Concombre indien) (pho. 35)

— Plante: haute de 20 à 90 cm (8 à 35 po), portant deux étages de feuilles verticillées.
— Fleurs: jaune verdâtre situées sur la partie supérieure. Floraison à la fin du printemps.
— Fruits: baies rouge foncé. Mûrs en août.
— Habitats: les bois humides.

On le retrouve abondamment dans l'ouest, le centre et le sud du Québec.

*** Le rhizome a légèrement le goût du concombre. On peut le manger cru ou cuit dans l'eau ou sous la cendre et il est également possible de le mariner.

36- *Mitchella rampant* — *Mitchella repens* — Partrige-berry — (Pain de perdrix) (pho. 36)

— Arbuste: minuscule, rampant, long de 15 à 20 cm (6 à 8 po).
— Feuilles: opposées, rondes, avec une petite queue.
— Fleurs: blanches, en forme d'entonnoir, avec l'intérieur poilu. Floraison au milieu du printemps (mai-juin).
— Fruits: petites drupes rouge brillant. Mûrs à l'automne et se conservant tout l'hiver sous la neige.
— Habitats: surtout les forêts mixtes et conifériennes, aux sols secs.

On le retrouve partout au Québec.

*** Les petites drupes sont comestibles et faciles à retrouver au printemps. Elles sont délicieuses et aromatiques, mais peu nombreuses.

37- *Nénuphar à fleurs panachées* — *Nuphar variegatum* — Variegated Pound-Lily, Cow Lily — Grand nénuphar jaune) (pho. 37)

— Plante: aquatique possédant un gros rhizome horizontal.
— Feuilles: flottantes, plus longues que larges, à échancrure profonde et d'une longueur de 15 à 30 cm (6 à 12 po).
— Fleurs: 6 sépales jaunes teintés de vert et de brun. Sommet du style rougeâtre. Floraison à l'été (juin-juillet).
— Habitats: les eaux tranquilles des lacs, des rivières ou des tourbières.

On le retrouve communément dans le nord et l'est du Québec.

*** Le gros rhizome qui peut atteindre 3 mètres (10 pieds) de long et 15 cm (6 po) de diamètre est comestible. Par contre, si vous voulez qu'il soit acceptable au goût, il faut bien le gratter et y enlever les taches noires pour ensuite le faire cuire en

pho. 36

MITCHELLA RAMPANT (avec fruits)

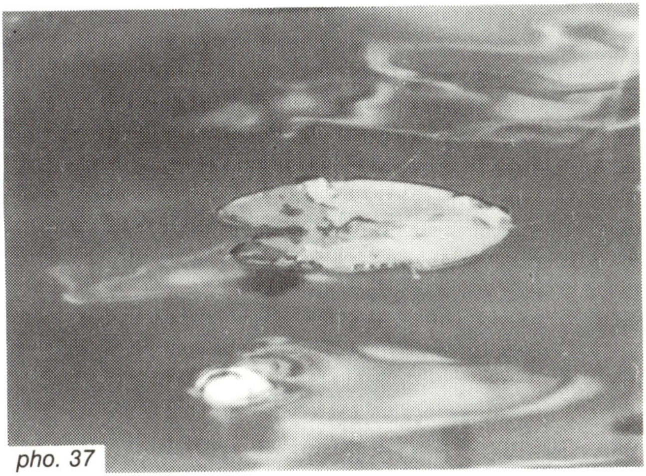

pho. 37

NÉNUPHAR À FLEURS PANACHÉES
(feuille et fleurs)

l'enfouissant dans la braise pour au moins 5 ou 6 heures. Son goût laissera quand même à désirer, mais par contre, il s'avérera très nourrissant. Les orignaux en consomment abondamment.

Les feuilles fraîches peuvent remplacer le papier d'aluminium pour cuire ou envelopper des aliments et les faire cuire dans la braise ou sur un feu; elles ne brûleront pas.

38– *Noisetier à long bec* — *Corylus cornuta* — Beaked Hazelnut — (Coudrier) (pho. 38)

— Arbrisseau: à tiges très flexibles, ne dépassant pas 3 m (10 pieds) de hauteur.
— Feuilles: alternées, élargies à la base, à bout pointu et effilé, avec des dents de scie dans son pourtour.
— Fruits: noix arrondies protégées par une enveloppe poilue et épineuse en forme de bouteille.
— Habitats: les lieux humides, même marécageux et particulièrement les zones de débordement des cours d'eau dans les forêts feuillues.

On le retrouve jusqu'aux mêmes latitudes que l'érable à sucre.

*** Après avoir enlevé l'enveloppe épineuse et cassé la noisette, on y trouve une amande délicieuse et très nourrissante.

Les tiges sont très flexibles et peuvent servir de liens de secours.

L'écorce combat la fièvre. Faire bouillir 1/2 c. à thé par tasse d'eau — 1/2 tasse/jour.

39– *Oxalide de montagne* — *Oxalis montana* — Wood Sorrel — (Oseille des bois) (pho. 39)

— Plante: petite, haute de 3 à 10 cm (1 1/4 à 4 po), à rhizome long et mince.
— Feuille: avec une longue queue partant de la base; divisée en forme de trois jolis coeurs semblables aux feuilles du trèfle.
— Fleur: blanche, ou rosée au bout d'une grande queue. Floraison estivale (juillet).
— Habitats: les bois de conifères.

On le retrouve jusqu'au lac Mistassini et sur la Côte Nord.

*** Les rhizomes peuvent être mangés nature ou bouillis.

On peut infuser les feuilles pour obtenir une limonade.

Les feuilles sont comestibles mais il faut en manger seulement en petite quantité car elles renferment de «l'acide oxalique» qui est un poison.

Mâcher ces dernières coupe la sensation de soif.

pho. 38

NOISETIER À LONG BEC (fruit)

pho. 39

OXALIDE DE MONTAGNE
(feuilles, fleur et partie souterraine)

40- *Peuplier faux-Tremble — Populus tremuloides* — Aspen — (Tremble) (pho. 40)

— Arbre: haut de 16 à 20 m (20 à 65 pieds), avec un fût droit et sans branches.
— Écorce: verdâtre, lisse au début pour ensuite devenir rugueuse et crevassée.
— Rameaux: longs, minces et brun-bris. Bourgeons pointus, un peu résineux et brun rougeâtre.
— Feuilles: alternées, simples, presque rondes; avec une pointe abrupte, des dents fines et portées par de longues queues.
— Habitats: lieux ouverts (essence de lumière).

On le retrouve partout.

*** La partie interne de l'écorce est comestible (mais très amère). Il est préférable de la réduire en farine.

Au printemps, après avoir enlevé l'écorce, la couche de sève grattée sur le tronc est plutôt sucrée.

41- *Pin blanc — Pinus strobus* — White Pine (pho. 41)

— Arbre: haut de 30 à 35 m (100 à 110 pieds). Branches du bas, perpendiculaires au tronc et celles du haut, courbées vers le ciel.
— Écorce: vert grisâtre, s'assombrissant avec l'âge et formant de profondes crevasses.
— Rameaux: verts et duveteux, qui perdront leur duvet et deviendront brun orangé.
— Feuilles: en faisceaux de 5 aiguilles, longues de 6 à 15 cm (2 à 6 po), douces au toucher.
— Fruits: cônes légèrement courbés, longs de 7 à 20 cm (3 à 8 po) et pendant au bout d'une queue de 2 cm (3/4 po). Mûrs en septembre.
— Habitats: très variés.

On le retrouve jusqu'à la latitude du Lac-Saint-Jean.

*** La partie blanchâtre sous l'écorce est comestible, de préférence séchée et broyée pour en faire une farine.

Les petites graines à l'intérieur des cônes mûrs sont nourrissantes comme la plupart des fruits secs. Encore faut- il avoir la patience de les extraire. Pour ouvrir un cône fermé, il faut le faire chauffer.

42- *Pin gris — Pinus banksiana* — Jack Pine (pho. 42)

— Arbre: haut de 15 à 20 m (50 à 65 pieds), couvert de grosses branches courtes et croches.
— Écorce: grisâtre quand elle est jeune, elle devient ensuite écailleuse et brun foncé.

pho. 40

PEUPLIER FAUX-TREMBLE (feuilles)

pho. 41

PIN BLANC
(cône et faisceau d'aiguilles)

— Rameaux: longs, minces, vert jaunâtre et sans poils.
— Feuilles: en faisceaux de 2 aiguilles recourbées et rigides, longues de 2 à 5 cm (3/4 à 2 po).
— Fruits: cônes de formes variées, généralement courbés, sans queue, souvent regroupés deux par deux et longs de 4 à 7 cm (1 1/2 à 2 3/4 po).
— Habitats: variés, mais préfère les sols sablonneux.

On le retrouve jusqu'au 54e de latitude Nord et surtout dans la région du Lac-Saint-Jean.

*** Même que le pin blanc.

43- *Pin rouge* — *Pinus resinosa* — Norway Pine (pho. 43a)

— Arbre: haut de 20 à 30 m (65 à 100 pieds), possédant un tronc très droit (qui sert à faire des poteaux téléphoniques).
— Écorce: rougeâtre chez les jeunes sujets, puis devient brun rougeâtre et forme des plaques écailleuses.
— Rameaux: gros, luisants et de couleur orangée.
— Feuilles: en faisceaux de 2 aiguilles longues de 10 à 15 cm (4 à 6 po) et réunies à la base par une gaine blanchâtre semblable à du papier.
— Fruits: cônes en forme d'oeuf longs de 3 à 6 cm (1 1/4 à 2 1/2 po) ayant une queue très courte et atteignant leur maturité à l'automne. Ils tombent l'année suivante.
— Habitats: les sols sablonneux et/ou rocailleux.

On le retrouve au sud de la région de l'épinette noire.

*** Même que le pin blanc.

44- *Ronce alléghanienne* — *Rubus allegheniensis* Allegheny Blackberry — (Mûrier) (pho. 44)

— Plante: très grande, jusqu'à 2 m (6 à 7 pieds), armée de robustes aiguillons presque droits.
— Feuilles: composées et possédant généralement 5 folioles.
— Fleurs: blanches ou rosées, à 5 pétales étalés.
— Fruits: ronds ou en forme de cylindre arrondi, et bleuâtres. Ils sont mûrs en août.
— Habitats: lieux secs et ouverts.

On le retrouve abondamment jusqu'à la grande forêt coniférienne.

*** Le fruit est délicieux et abondant.

N.B.: Il y a de nombreuses espèces de ronces au Québec, plusieurs sont semblables à celles décrites ci-dessus et leurs fruits sont également comestibles.

pho. 42

PIN GRIS
(cône et faisceau d'aiguilles)

pho. 43a

PIN ROUGE
(cône et faisceau d'aiguilles)

pho. 43b

PIN BLANC PIN GRIS PIN ROUGE

pho. 44

RONCE ALLÉGHANIENNE (avec fruits)

RONCE DU MONT IDA (avec fruits)

SAGITTAIRE LATIFOLIÉE (feuille)

45– *Ronce du mont Ida — Rubus idaeus* —Raspberry — (Framboisier) (pho. 45).

— Plante: haute de 100 à 150 cm (40 à 60 po), armée de très faibles épines.
— Fleurs: très petites, à 5 pétales blancs. Floraison de juin à août.
— Fruits: rouges et en forme de dé à coudre. Mûrs en juillet-août.
— Habitats: lieux incultes, le bord des bois et les terrains perturbés.

On la retrouve généralement partout.

*** Le fruit est délicieux et une poignée de feuilles infusées dans un litre d'eau agit efficacement contre les diarrhées et les irritations de la bouche.

46– *Sagittaire latifoliée — Sagittaria latifolia* — Broad-leaved ou Arrow-leaf (pho. 46)

— Plante: aquatique haute de 10 à 140 cm (4 à 55 po) que l'on aperçoit totalement ou partiellement sortie de l'eau.
— Feuilles: de forme très variable mais ressemblant toujours à des pointes de flèches.
— Fleurs: portées sur des petites queues rattachées à une plus grande qui prend naissance à la base.
— Fruits: secs et enveloppés dans une aile recourbée possédant un bec. Ils sont longs de 2,5 à 4 mm (+ ou – 1/8 po).
— Habitats: endroits très humides, tels les rivages des lacs et des rivières.

On la retrouve partout.

*** Les rhizomes forment de gros tubercules ressemblant aux pommes de terre. Puisqu'ils sont peu profondément enfouis, il est possible de les dégager avec les orteils. Ils monteront alors à la surface de l'eau.

On les fait cuire comme des pommes de terre dont ils ont le même goût quoique plus sucrés.

Les castors et les rats musqués en font des provisions dans leurs caches (huttes) qui sont faciles à repérer.

47– *Saule discolore — Salix discolor* — Pussy Willow — (Chatons ou minous) (pho. 47)

— Arbuste: de forme arrondie, haut de 1 à 7 mètres (3 à 22 pieds).
— Feuilles: en forme de pointe de lance au contour sinueux, vert foncé sur le dessus et vert pâle à gris argent en dessous.
— Fleurs: groupées en chatons apparaissant longtemps avant les feuilles.

pho. 47

SAULE DISCOLORE (feuilles)

pho. 48

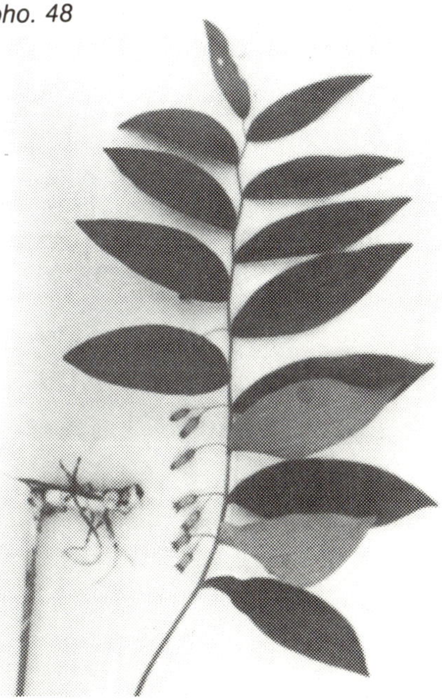

SCEAU-DE-SALOMON PUBESCENT (feuilles et fleurs)

— Habitats: tous les lieux humides en général.

On le retrouve partout au Québec.

*** Selon «*Les plantes sauvages printanières*» de Gisèle Lamoureux, p. 161.

> *«L'écorce interne est comestible; séchée et réduite en farine, elle prend le maximum de saveur. Les jeunes feuilles sont riches en vitamine C et les rameaux pelés accompagnent un repas de façon originale.*
>
> *La décoction de l'écorce interne renferme de l'acide salicyclique et sert de substitut à l'aspirine et à la quinine.*
>
> *Les feuilles et les chatons ont un effet calmant et anti-aphrodisiaque; contre l'insomnie, l'angoisse, les douleurs génitales et «l'excès de tempérament», en prendre une infusion avant le coucher.»*

48– *Sceau-de-Salomon pubescent — Polygonatum pubescens* — Hairy Solomon's-seal (pho. 48)

— Plante: haute de 30 à 90 cm (12 à 35 po), légèrement courbée et à rhizome épais.
— Feuilles: alternées, ovales, presque sans queue et pourvues de petits poils sur les nervures du dessous.
— Fleurs: verdâtres ou rosées, pendues 2 par 2 à l'aisselle des feuilles. Floraison à la fin du printemps (juin).
— Fruits: baies bleu foncé.
— Habitats: tous les types d'érablières.

On le retrouve jusqu'à la latitude de Rimouski.

*** Les jeunes pousses se consomment comme les légumes. Le rhizome est comestible après l'avoir fait bouillir une vingtaine de minutes. On peut aussi réduire ce dernier en poudre, après l'avoir fait sécher, pour ainsi l'utiliser comme une farine. Les fruits sont à déconseiller.

49– *Smilacine à grappes — Smilacina racemosa* — False Solomon's-seal (pho. 49a et 49b)

— Plante: haute de 30 à 75 cm (12 à 30 po), à tige penchée et zigzagante.
— Feuilles: alternées et sans queue.
— Fleurs: très petites, blanc crème et rassemblées en grappe au bout de la tige.
— Fruits (pho. 49b): ronds, rougeâtres et marqués de points pourpre.
— Habitats: tous les types d'érablières.

On le retrouve abondamment dans le sud des Laurentides, les Appalaches, la Gaspésie et les Basses Terres du Saint-Laurent.

pho. 49a

(feuilles
et fleurs)

SMILACINE À GRAPPES

pho. 49b

(fruits)

*** Les jeunes pousses se mangent comme des asperges. Les fruits sont comestibles et se conservent longtemps.

Le rhizome est également comestible mais très désagréable au goût.

50– *Sorbier d'Amérique — Sorbus americana* — Mountain Ash — (Cormier ou Maska) (pho. 50)

— Arbuste: haut de 5 à 10 m (16 à 32 pi), à l'écorce brun doré.
— Feuilles: alternées et composées de 13 à 15 folioles en forme de pointe de lance et finement dentées.
— Fleurs: très petites, blanc jaunâtre et rassemblées pour former une masse dense. Floraison en juin.
— Fruits: des baies rouges. Mûrs en automne.
— Habitats: les forêts mixtes et conifériennes.

On le retrouve surtout dans la grande forêt coniférienne.

*** Les fruits sont comestibles et peuvent faire d'excellentes gelées, si comme pour le Pimbina, ils sont cueillis après les premiers gels de l'automne.

51– *Sumac grimpant — Toxcodendron rydbergii* ou *Rhus radicans* — Poison Ivy — (Herbe à la puce) (pho. 51)

— Plante: haute de 30 à 40 cm (12 à 16 po), buissonnante ou grimpante.
— Feuilles: alternées, composées, à dents irrégulières, à 3 divisions chacune munie d'une queue dont celle du centre est un peu plus longue. Elles sont rouge vin au printemps, vertes en été et multicolores en automne.
— Fleurs: verdâtres ou blanc crème, rassemblées en masse à la base des feuilles.
— Fruits: drupes côtelées, blanches, jaunes ou brunes ressemblant à des pois.

N.B.: Généralement, il est sans fleurs ni fruits.
— Habitats: des plus divers (même en forêt), mais ce sont principalement les rivages et les bords des routes.

On le retrouve dans la plaine du Saint-Laurent, jusqu'en Gaspésie et très abondamment dans la région de Montréal.

*** (Le texte ci-dessous est extrait de: «*Plantes sauvages des villes et des champs*» du groupe Fleurbec, p. 184).

> «Oui il est vrai qu'on peut être affecté par un contact indirect (animaux ou objets ayant touché à la plante) et même par les cendres ou la fumée, si on la brûle. Non, ce n'est pas vrai que l'allergie revient à la même date, pendant 7 ans. Peu de gens savent la reconnaître et comme les symptômes se manifestent environ 2 jours après le contact, les victimes peuvent bien gaffer pendant 7 ans; apprenez à l'identifier et faites mentir la croyance. Oui c'est vrai que le poison est présent dans toutes

pho. 50

SORBIER D'AMÉRIQUE (avec fruits)

pho. 51

SUMAC GRIMPANT (feuille)

les parties de la plante (sauf le pollen) et qu'il est actif toute l'année. Non, personne n'est vraiment à l'abri de cette allergie qui se déclare seulement après un certain nombre de contacts; la moitié de la population y est moyennement sensible, certaines personnes le sont beaucoup, les autres peu. Les animaux qui touchent ou mangent la plante sont rarement affectés. L'hiver, les fruits persistent sur les tiges; les oiseaux s'en nourrissent et contribuent à disperser la plante, particulièrement le long des clôtures.

«Un vigoureux lavage au savon ou à l'eau de Javel, juste après un contact avec la plante, peut diminuer l'étendue de l'affection. Lorsque l'éruption apparaît, on recommande de garder la peau humide avec des solutions alcalines: soda, alun, hyposulfite de sodium, permanganate de potassium.

«Les cas graves et les complications relèvent du médecin et peuvent être traités à la cortisone.»

52– *Trille blanc — Trillium grandifolium* — Large-flowered Trillium (pho. 52)

— Plante: à rhizome de 20 à 45 cm (8 à 18 po), à tige forte et lisse.
— Feuilles: au nombre de 3; larges, pointues et rassemblées au sommet.
— Fleur: à 3 pétales d'un blanc éclatant devenant roses. Floraison de courte durée au début du printemps.
— Fruit: baie bleu noir.
— Habitat: l'érablière à caryer.

On le retrouve surtout dans la région de Montréal et de l'Outaouais.

*** Voir trille rouge.

53– *Trille ondulé — Trillium undulatum* — Painted Trillium (pho. 53)

— Arbuste: plante à rhizome haute de 20 à 60 cm (8 à 24 po), à tige mince.
— Feuilles: au nombre de 3; larges, pointues, possédant chacune une courte queue et rassemblées au sommet.
— Fleur: à 3 pétales blancs, étroits, ondulés et marqués de rouge. Floraison au début du printemps (avril-mai).
— Fruit: une baie rouge éclatant.
— Habitats: très variés.

On le retrouve surtout au sud du Québec jusqu'à la latitude de Baie-Comeau.

*** Voir trille rouge.

pho. 52

TRILLE BLANC (avec fleur)

pho. 53

TRILLE ONDULÉ (avec fleur)

54– *Trille rouge* — *Trillium erectum* — Ill-scented Trillium (pho. 54)

— Plante: à rhizome, haute de 20 à 40 cm (8 à 16 po) à tige robuste.
— Feuilles: au nombre de 3, grandes, en forme de losange, avec le bout pointu, rassemblées au sommet.
— Fleurs: à 3 larges pétales rouge foncé. Floraison au début du printemps (avril-mai).
— Habitats: les forêts de feuillus et les forêts mixtes.

On le retrouve jusqu'à la grande forêt d'épinettes noires.

*** Les jeunes pousses sont comestibles (surtout si elles sont cuites) tandis que le fruit et la partie souterraine ne le sont pas.

55– *Typha à feuilles larges* — *Typha latifolia* — Broad-leaved Cat-tail — (Quenouilles) (pho. 55)

— Plante: aquatique, mesurant entre 100 et 270 cm (40 à 105 po) de hauteur, vivace et à long et gros rhizome de 2 cm de diamètre.
— Feuilles: en forme de lame d'épée, alternées et disposées sur deux rangs opposés.
— Fleurs: minuscules et portées sur 2 épis, un épi mâle surplombant un épi femelle. Floraison à l'été (juin-juillet).
— Habitats: les marécages et les rivages inondés.

On la retrouve partout.

*** Aussitôt que la pousse a atteint 25 cm (10 po) de haut, le coeur blanc de la plante, débarrassé de ses enveloppes extérieures, se mange après avoir cuit 3 minutes dans l'eau bouillante.

Les épis mâles encore verts, une fois la membrane enlevée, cuits dans l'eau bouillante durant 3 minutes, se mangent comme du maïs.

Le pollen jaune peut servir à épaissir une soupe et constituer une excellente farine s'il est mélangé en parts égales avec de la farine conventionnelle.

Bien sec, le pollen est un excellent allume-feu.

Le rhizome se mange cru ou préférablement séché et broyé pour être utilisé comme farine ou gruau. Il renferme 50 % d'hydrate de carbone et environ 7 % de protéines.

On peut se servir des épis femelles comme torches après les avoir imbibés de combustible ou de graisse animale.

On peut aussi tresser des paniers avec le feuillage.

N.B.: Le typha à feuilles étroites a les mêmes propriétés.

pho. 54

TRILLE ROUGE (avec fleur)

pho. 55

TYPHA À FEUILLES LARGES (partie mâle, partie femelle, feuille et tige)

56– *Uvulaire à feuilles sessiles* — *Uvularia sessifolia* — Sessile-leaved Bellwort (pho. 56)

— Plante: petite, vivace, à rhizome, ramifiée et courbée, haute de 10 à 20 cm (4 à 8 po).
— Feuilles: alternées, pointues aux deux bouts et sans queue.
— Fleur: pendante, blanc crème. Floraison au début du printemps (avril-mai).
— Habitats: les érablières humides.

On le retrouve poussant en colonie jusqu'aux grandes forêts d'épinettes.

*** Les jeunes pousses et les rhizomes sont comestibles, particulièrement s'ils sont cuits.

57– *Verge d'or du Canada* — *Solidago canadensis* — Canada Goldenrod — (Bouquets jaunes) (pho. 57)

— Plante: haute de 30 à 150 cm (12 à 60 po).
— Feuilles: simples, alternées, en forme de lance, avec des dents et une queue.
— Fleurs: petites, jaunes et portées sur un seul côté de la tige. Floraison à la fin de l'été (juillet-août).
— Habitats: les endroits secs et les lieux incultes.

On la retrouve partout au Québec.

*** À l'automne, les graines sont comestibles et peuvent être réduites en poudre pour en faire une farine.

58– *Violette du Canada* — *Viola canadensis* — Canada Violet (pho. 58)

— Plante: petite, haute de 5 à 20 cm (2 à 8 po).
— Feuilles: en forme de coeur, dentées et terminées en pointe.
— Fleurs: blanches et violacées avec un centre jaune, à 5 pétales. Floraison au milieu du printemps (mai).
— Habitats: les érablières.

On la retrouve dans l'ouest et le centre de la province.

*** Les fleurs et les feuilles sont comestibles. Ces dernières peuvent donner un excellent thé.

N.B.: La «Flore Laurentienne» du frère Marie-Victorin définit 23 espèces de violettes. Elles ont toutes plus ou moins les mêmes propriétés que celle décrite ci-dessus.

59– *Viorne à feuilles d'aulne* — *Viburnum alnifolium* — Moose-bery — (Bois d'orignal) (pho. 59)

— Arbuste: haut de 1 à 4 m (3 à 12 pieds). Écorce lisse et rougeâtre.
— Feuilles: opposées, grandes, en forme de coeur et étalées au-dessus des rameaux.

pho. 56

UVULAIRE À FEUILLES SESSILES
(feuilles et fleur)

pho. 57

VERGE D'OR DU CANADA (bouquet)

pho. 58

VIOLETTE DU CANADA
(feuilles et fleur)

pho. 59

VIORNE À FEUILLES D'AULNE
(feuilles et fruits)

pho. 60

VIORNE TRILOBÉE (feuilles et fruits)

— Fleurs: blanches, les plus petites (fertiles) encerclées par les plus grandes (stériles). Floraison au milieu du printemps (mai).
— Fruits: baies rouge foncé. Mûrs à la fin de l'automne.
— Habitats: érablières au sous-sol frais.

On la retrouve jusqu'à la latitude de Baie-Saint-Paul.

*** Les fruits sont comestibles.

60– *Viorne trilobée — Viburnum trilobum* — Granberry-tree — (Pimbina) (pho. 60)

— Arbuste: haut de 2 à 4 m (6 à 12 pieds).
— Feuilles: opposées, divisées en 3 lobes, étroites, irrégulièrement dentées et semblables à la feuille d'érable.
— Fleurs: semblables à celles de la Viorne à feuilles d'aulne.
— Fruits: baies rouge vif. Mûrs en septembre.
— Habitats: les endroits humides, le long des cours d'eau et dans les érablières.

On la retrouve surtout à l'ouest et au centre du Québec, elle est remplacée à l'est et au nord par le *Viburnum edule* qui lui ressemble beaucoup.

*** Les fruits sont comestibles. Ils font une excellente gelée lorsqu'ils sont cueillis après les premiers gels de l'automne.

CHAPITRE IV

SECOURISME

Le but du secourisme est de maintenir en vie un individu blessé et d'empêcher que son état s'aggrave en attendant qu'il reçoive les soins médicaux requis.

Une connaissance élémentaire des premiers soins à prodiguer à un blessé s'avère fort utile et constitue un atout essentiel pour toute personne qui se retrouve fréquemment isolée ou éloignée des centres urbains et hospitaliers.

Les trois parties les plus importantes de ce chapitre, et qu'il faudrait retenir avant tout, sont: 1– *Les dix commandements du secourisme en forêt,* 2– *L'examen primaire*, et 3– *L'examen secondaire*; elles renferment les règles de base à appliquer dans une situation nécessitant des premiers soins.

Mais, notez bien que même si l'information contenue à l'intérieur de ce chapitre se veut complète sans pour cela prétendre être exhaustive, l'apport d'un cours sur le secourisme et sur la réanimation cardio-respiratoire est, selon moi, souhaitable pour tout individu conscient et respectueux de la vie.

LES DIX COMMANDEMENTS DU SECOURISME EN FORÊT

1– Toujours avoir dans ses bagages, et à portée de la main, une bonne trousse de premiers soins. Tenir compte du groupe et de la nature de l'expédition dans la constitution de la trousse.
2– S'il y a plusieurs blessés, aller rapidement vers la personne qui semble le plus en danger de mort, c'est-à-dire celle qui ne respire plus ou qui saigne abondamment. — Pratiquer immédiatement la respiration artificielle. — Contrôler l'hémorragie.

3– Ne pas déplacer ou faire bouger la victime avant qu'elle ait été examinée et traitée en conséquence, à moins qu'il y ait un risque immédiat pour sa sécurité et la vôtre.
4– Procéder à l'examen primaire puis à l'examen secondaire.
N.B.: Une seule personne doit s'en charger.
5– Si la victime est consciente, lui parler pour la sécuriser et l'empêcher de tomber en état de choc. Si elle est inconsciente, la placer en position de recouvrement.
6– Écouter la victime. Elle peut en dire beaucoup au sujet de ses blessures, de ses besoins et de son état psychologique.
7– En présence de la victime, ne pas parler avec d'autres membres du groupe de l'état des blessures et de l'organisation du sauvetage.
8– S'il y a fracture, ne pas bouger la victime tant et aussi longtemps que cette dernière ne sera pas immobilisée.
9– Isoler sous le corps de la victime avant de placer des couvertures sur elle.
10– Tenir chacun des autres membres du groupe occupé. Penser à ce qui sera nécessaire: dégagement d'un sentier pour l'évacuation, construction d'une civière, allumage d'un feu, aide extérieure à aller chercher, etc.

ET SURTOUT... DEMEUREZ *C-A-L-M-E*.

L'EXAMEN PRIMAIRE (doit être exécuté sans aucune perte de temps)

Observation rapide de la situation...

En vous dirigeant vers le lieu de l'accident, essayez d'en évaluer rapidement la cause ainsi que l'état de la victime.

Si la victime est consciente:

* demandez-lui ce qui ne va pas, tout en vérifiant si elle est désorientée, agitée ou endormie. Prévenir l'état de choc (voir p. 168);
* vérifiez s'il y a un saignement grave (voir hémorragie p. 162);

* faites l'examen secondaire.

Si la victime est inconsciente:

* essayez de la réveiller, en tapotant légèrement près des oreilles et en l'appelant (l'ouïe est le sens qui résiste le plus longtemps) — prendre environ 5 secondes — elle n'est peut-être qu'endormie ou évanouie;
* s'il n'y a aucune réaction, vérifiez si elle respire, en mettant l'oreille près de sa bouche et de son nez tout en regardant si le thorax bouge (prendre environ 5 secondes);

* si elle ne respire pas, dégagez les voies respiratoires en relevant le cou et en appuyant sur le front pour les dégager (fig. 1);
* vérifiez à nouveau si elle respire (fig. 1);

→ *Si la victime respire:*

* vérifiez s'il y a un saignement grave (voir hémorragie, p. 162);
* faites l'examen secondaire;
* placez la victime en position de recouvrement (fig. 3a, 3b et 3c).

→ *Si la victime ne respire pas:*

* pratiquez le bouche-à-bouche (fig. 1 et 2): retirez tout corps étranger apparent — pincez bien les narines;
* aspirez profondément — assurez un contact hermétique autour de la bouche et insufflez rapidement à quatre reprises sans laisser les poumons se dégonfler (cela suroxygène les poumons et le sang) (fig. 2);
* vérifiez si le thorax se gonfle (fig. 1);

→ *Si le thorax ne se gonfle pas:*

* revérifiez s'il n'y a pas un corps étranger;
* faites le «Heimlich» (fig. 16 et 17, p. 158 [voir étouffement alimentaire p. 157]) ou donnez 4 tapes dans le dos entre les deux omoplates en mettant la main en forme de coupe et en suivant une direction de bas en haut;
* reprenez le bouche-à-bouche;
* répétez l'opération jusqu'à ce que l'air passe.

→ *Si le thorax se gonfle:*

* vérifiez avec deux doigts, sous l'angle de la mâchoire, sans appuyer trop fort, le pouls à la carotide (fig. 4);

→ *Si le coeur ne bat pas:*

* commencez la réanimation cardio-respiratoire (p. 160);

N.B.: Bien que cette technique soit théoriquement simple, il se peut que ne l'ayant jamais pratiquée à l'intérieur d'un cours, il soit difficile de la réussir en appliquant seulement ce que vous en aurez lu dans un livre. (Mais il s'avère préférable de l'essayer plutôt que de ne rien faire).

→ *Si le coeur bat:*

* faites le bouche-à-bouche: en insufflant aux 5 secondes (12 X à la minute) — comptez 1 001, 1 002, 1 003... en aspirant et insufflez.

N.B.: Pour un bébé ou un jeune enfant, assurez un contact hermétique autour de la bouche et du nez; insufflez *délicatement* aux trois secondes.

RESPIRATION ARTIFICIELLE

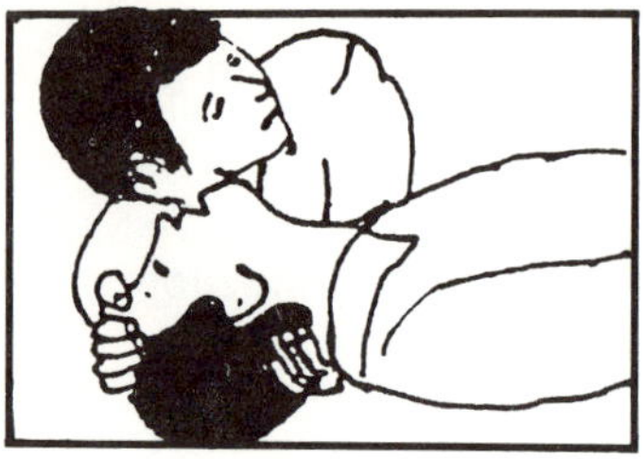

fig. 1

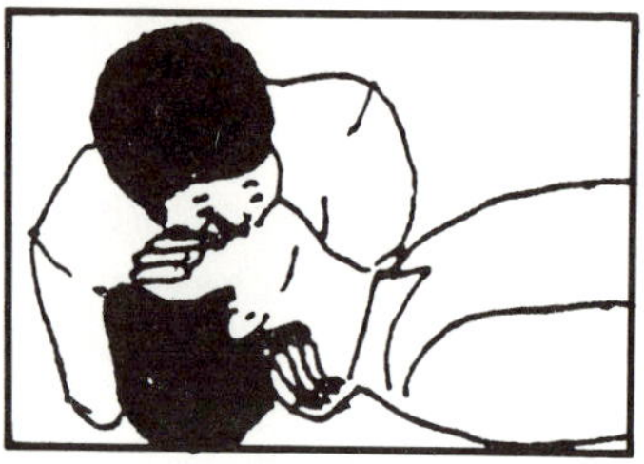

fig. 2

POSITION DE RECOUVREMENT

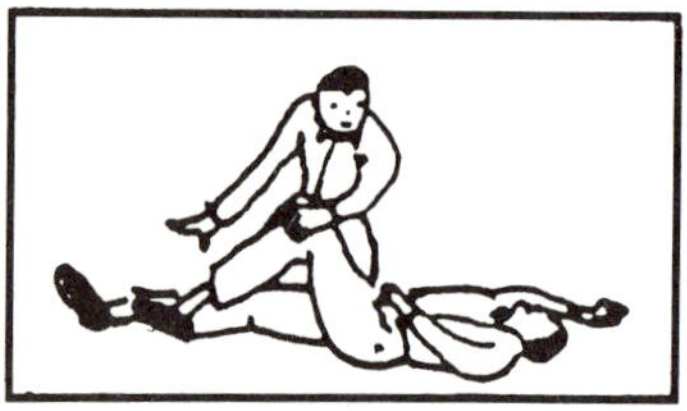

fig. 3a

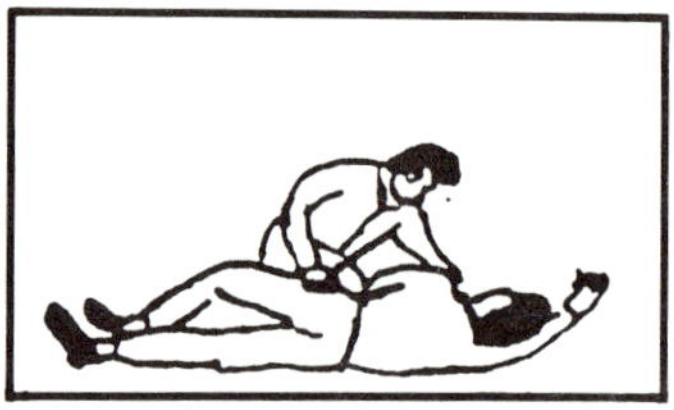

fig. 3b

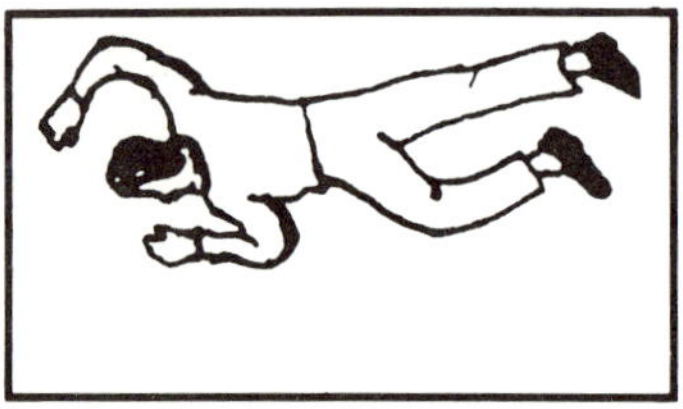

fig. 3c

LE POULS À
LA CAROTIDE

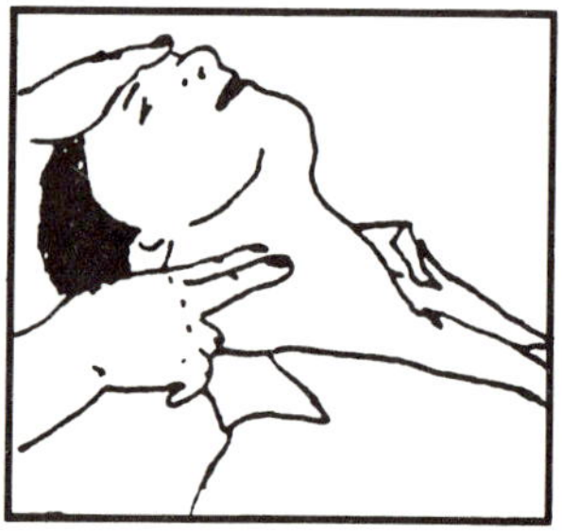

fig. 4

EXTENSION
DE LA
MÂCHOIRE
fig. 5

Attention:

* en reprenant conscience, la victime peut vomir
* vérifiez à chaque minute si la victime respire
* s'il y a possibilité d'une blessure au cou ou à la colonne vertébrale, dégagez les voies respiratoires par la méthode de l'extension de la mâchoire (fig. 5).

L'EXAMEN SECONDAIRE (nécessite environ 2 minutes)

Crâne: (fig. 6)

Vérifiez s'il y a:	*Diagnostic probable:*
— un saignement	— coupure ou lacération
— une dépression	— une fracture
— une bosse	— un hématome

Yeux: (fig. 7)

Vérifiez si:	*Diagnostic probable:*
— les pupilles sont de dimensions différentes	— traumatisme crânien
— les pupilles sont dilatées	— arrêt cardiaque
— les pupilles sont contractées et le demeurent même en voilant la lumière	— désordre du système nerveux (blessure possible à la colonne vertébrale)
— l'intérieur des paupières est pâle (fig. 8)	— perte de sang (s'il n'y a pas eu d'hémorragie externe, il y a possibilité d'hémorragie interne) (voir p. 164)
— l'intérieur des paupières est bleuté	— manque d'oxygène
— il y a présence de verres de contact	— enlevez-les, seulement si le patient est inconscient et à la condition que vous sachiez comment procéder. *N.B.:* Les mettre dans l'eau.
— il y a un mouvement anormal des yeux	— traumatisme crânien ou fracture de l'orbite
— il y a des ecchymoses sous les yeux (ou derrière les oreilles); elles peuvent apparaître 20, 30, ou 40 minutes après l'accident.	— fracture du crâne

Nez et oreilles:	
Vérifiez s'il y a:	*Diagnostic probable:*
— un écoulement de sang ou d'un liquide jaunâtre ou d'un mélange des deux	— fracture du crâne et/ou dommage au nez
— des ecchymoses sous les oreilles	— fracture du crâne (voir yeux)
Bouche: (fig. 9)	
Vérifiez s'il y a:	*Diagnostic probable:*
— des dents cassées, du sang ou un corps étranger (tel un dentier, une gomme à mâcher, etc.)	— possibilité d'obstruction des voies respiratoires (les dégager)
Figure:	
Vérifiez s'il y a:	*Diagnostic probable:*
— des saignements, des déformations, des ecchymoses ou des enflures	— coupure, lacération et/ou fracture
Cou: (fig. 10)	
Vérifiez s'il y a:	*Diagnostic probable:*
— difformité ou tension	— fracture ou dislocation des vertèbres (il faudra immobiliser la victime sur une surface rigide)
Thorax: (fig. 11)	
Vérifiez s'il y a:	*Diagnostic probable:*
— un mouvement anormal de la poitrine	— difficulté respiratoire
— une douleur à la respiration ou une douleur à la palpation (palpez un côté à la fois)	— fracture des côtes
— des plaies avec corps étranger	— pénétration (surtout n'enlevez pas le corps étranger, pansez avec un beigne (fig. 20, p. 165)
— une plaie avec écume	— plaie aspirante (bloquez immédiatement avec la paume de la main et continuez l'examen secondaire de l'autre)

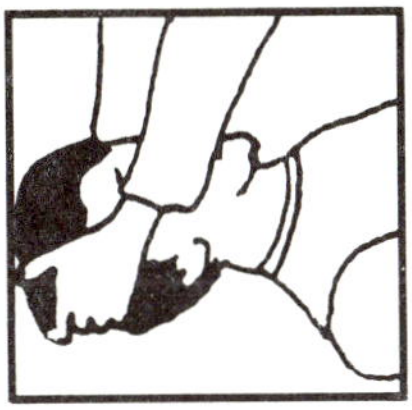

fig. 6

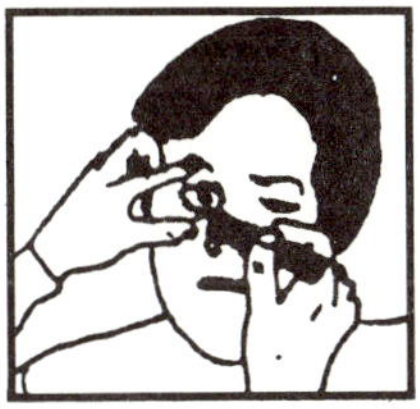

fig. 7

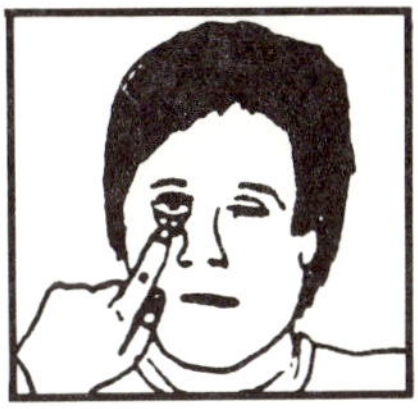

fig. 8

fig. 9

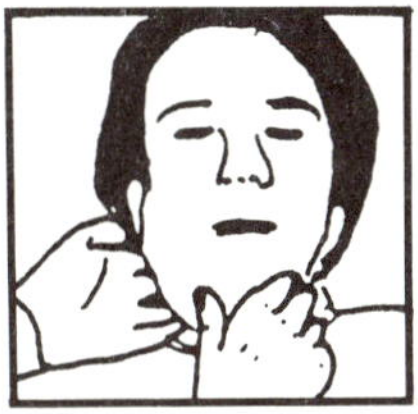

fig. 10

fig. 11

fig. 12

fig. 13

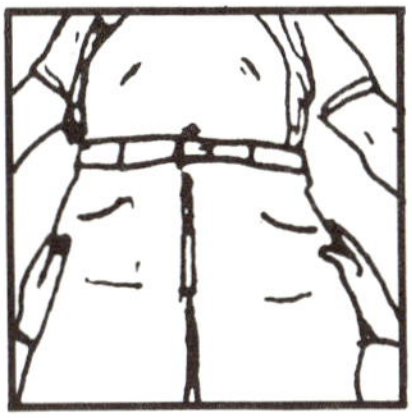

fig. 14

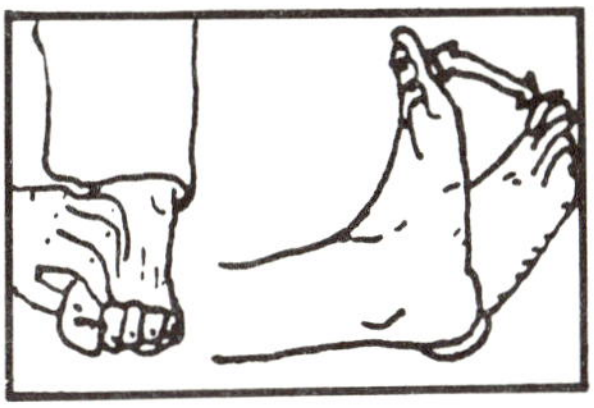

fig. 15

Abdomen: (fig. 12) *Vérifiez si:*	*Diagnostic probable:*
— il est dur	— possibilité d'hémorragie interne
— il y a une plaie avec un corps étranger	— pénétration (surtout n'enlevez pas le corps étranger)
— il y a une plaie avec viscères	— éviscération (vous panserez tel quel)
Dos: (fig. 13) *Vérifiez:*	*Diagnostic probable:*
— sans trop bouger le patient, s'il y a une difformité	— fracture de la colonne vertébrale (au moindre doute, il faut immobiliser la victime sur une surface dure)
— s'il y a du sang	— plaies, lacérations
Bassin: (fig. 14) *Vérifiez s'il y a:*	*Diagnostic probable:*
— douleur à la compression	— fracture du bassin (immobilisez)
Bras et jambes: *Vérifiez s'il y a:*	*Diagnostic probable:*
— une difformité, une enflure ou un mauvais fonctionnement des articulations	— fracture ou entorse ou dislocation
Pieds et mains: (fig. 15) *Vérifiez:*	*Diagnostic probable:*
(si le patient est inconscient) — s'il y a absence de pouls (ex. fig. 15)	— dommage aux vaisseaux sanguins dû à une fracture ou à une dislocation du membre
(si le patient est conscient) — s'il y a des picotements aux pieds ou aux mains	— défaillance des nerfs
— s'il peut toucher chacun de ses doigts avec ses pouces et/ou s'il peut pousser dans votre main avec son pied (fig. 15) et/ou s'il peut bouger les membres	— s'il ne peut pas exécuter ces gestes, cela est dû: soit à une fracture, soit à une dislocation ou soit à une blessure à la colonne vertébrale; (immobilisez) (fig. 31a et 31b, p. 175).

L'ARRÊT RESPIRATOIRE

La personne qui a cessé de respirer sera inconsciente. Si le cerveau est privé d'oxygène pendant plus de trois ou quatre minutes, il y a danger de mort ou du moins possibilité de dommages permanents au cerveau. Il faut donc immédiatement pratiquer la respiration artificielle telle que décrite précédemment.

Les causes

1– La langue retombant dans l'arrière-gorge chez une personne inconsciente et étendue sur le dos.
2– Les corps étrangers dans la bouche tels les dentiers ou des objets quelconques.
3– L'étouffement alimentaire.
4– La noyade.
5– Les gaz toxiques.
6– Les chocs électriques.

Premiers soins

1– *La langue retombant dans l'arrière-gorge:*

* dégagez les voies respiratoires en relevant le cou tout en appuyant sur le front (fig. 1, p. 152)
* ou la position de recouvrement (fig. 3a, 3b, 3c, p. 152)

2– *Les corps étrangers dans la bouche:*

* enlevez-les avec les doigts ou voir l'étouffement alimentaire.

3– *L'étouffement alimentaire:*

— Si la personne est consciente:
* donnez des tapes brusques entre les omoplates ou exercez (vers le haut) des poussées énergiques sur l'abdomen à la hauteur du plexus solaire (i.e. entre le nombril et le sternum) à l'aide d'un poing et de la force de l'autre main (le Heimlich, fig. 16).

— Si la personne est inconsciente:
* exercez des poussées énergiques sur l'abdomen (au même endroit que décrit précédemment) (fig. 17) ou donner des tapes brusques entre les omoplates.

— Si vous êtes la victime d'un tel incident, si vous êtes seul ou si vous savez que personne ne pourrait vous aider, laissez-vous tomber de sorte que votre abdomen se heurte au coin (si possible, arrondi) d'un meuble.

4– *La noyade:*

À moins d'être un as du sauvetage aquatique, n'entrez jamais en contact direct avec une personne qui se noit, elle pourrait vous couler

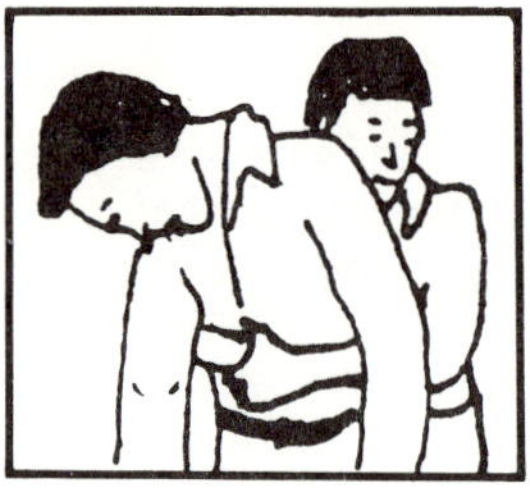

LE HEIMLICH
fig. 16

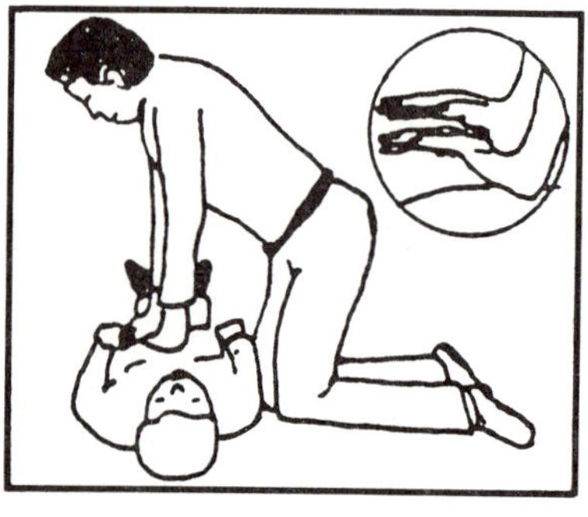

MASSAGE CARDIAQUE
fig. 17

* tendez-lui un objet qui vous séparera d'elle (une corde, une ceinture, un pantalon, etc.),
* si la victime est inconsciente commencez la respiration artificielle immédiatement, même dans l'eau si vous en êtes capable

5- *Les gaz toxiques:*

Si vous entrez dans un camp ou une roulotte et détectez une odeur d'oeufs pourris, surtout n'allumez pas une allumette ou un briquet, il y a risque d'explosion

* rapidement, ouvrez les portes et les fenêtres et coupez la source de gaz (si c'est possible)
* transportez la victime à l'air frais et, si elle ne respire plus, commencez la respiration artificielle

N.B.: Ce gaz est plus lourd que l'air et, par conséquent, se concentre surtout au niveau du sol.

6- *Les chocs électriques:*

* coupez le courant ou poussez la source électrique à l'aide d'un objet non conducteur telle une botte de caoutchouc ou un bout de bois ou une corde, etc., de façon à ce qu'elle ne touche plus à la victime
* éloignez la victime de la source électrique
* commencez la respiration artificielle si la victime ne respire plus
* soignez les brûlures

LA CRISE CARDIAQUE

Symptômes

* douleurs localisées au sternum puis aux bras
* dilatation des pupilles
* teint pâle ou bleuâtre
* halètement telle une personne essoufflée
* transpiration abondante

Les premiers soins

* couchez la victime, soulevez-lui la tête et les épaules et desserrez ses vêtements
* si elle n'est pas à sa première crise, elle aura probablement en sa possession des petites pilules de «nitroglycérine» à mettre sous la langue
* s'il y a un arrêt respiratoire, il faut commencer le bouche-à-bouche immédiatement et si le coeur cesse de battre, il faut faire la réanimation cardio-respiratoire

Réanimation cardio-respiratoire (fig. 17)

— Elle doit se faire à deux si possible; pendant qu'une personne pratique le «bouche-à-bouche», l'autre fait le massage cardiaque.
* La victime doit être étendue sur une surface rigide.
* Agenouillez-vous à la droite de la victime et placez la base de la paume d'une main à environ 4 cm (1 1/2 po) au-dessus de l'extrémité du sternum. Placez l'autre main par-dessus (médaillon fig. 17) et croisez les doigts.
— Poussez sur le sternum de façon à l'abaisser de 3 à 5 cm, (la moitié moins s'il s'agit d'un enfant) en gardant les bras tendus. Refaites cette compression au rythme de 80 fois à la minute (comptez: un, deux, trois...).
— Pour un bébé, comprimez le sternum avec seulement deux doigts au rythme d'environ 100 fois à la minute; pour les enfants de moins de 10 ans, n'utilisez qu'une seule main pour faire les compressions.

Si vous êtes seul:

— Faites deux insufflations en «bouche-à-bouche» à la cadence de 12 insufflations à la minute, puis 15 compressions thoraciques à la cadence de 80 compressions à la minute, et ainsi de suite jusqu'à ce que la victime recommence à fonctionner par elle-même.

Vous pourriez consacrer une heure ou deux à la réanimation de cette victime, alors soyez patient et en forme.

Prévention

C'est une bonne chose que de garder des pilules de «nitroglycérine» dans une trousse de premiers soins.

N.B.: Il est important de vérifier la date d'expiration inscrite sur le contenant.

EMBOLIE OU TROMBOSE

Cause

* formation d'un caillot de sang dans un vaisseau sanguin

Symptômes

* étourdissement
* confusion
* difficulté d'élocution
* paralysie sur un ou deux côtés du corps

* possibilité de perte de conscience
* pupilles de dimensions différentes

Premiers soins

Si la victime est consciente:

* couchez-la en lui soulevant la tête et les épaules et desserrez ses vêtements
* ne lui donnez rien à boire ou à manger et ne tentez aucun réchauffement des membres.

Si elle est inconsciente:

* placez la victime en position de recouvrement.

N.B.: Il faut la conduire à l'hôpital au plus tôt.

PROBLÈMES DIABÉTIQUES

Causes

Deux types de problèmes peuvent apparaître chez le diabétique: le choc par l'insuline (le plus courant) et le coma diabétique (rare).

Symptômes

Le choc par l'insuline:

* teint pâle
* pouls rapide (Il a besoin de sucre)
* transpiration

Le coma diabétique:

* teint rouge
* peau sèche (Il a besoin d'insuline)
* haleine sentant le vernis à ongle
* respiration profonde

Premiers soins

— Si le diabétique est conscient, il saura ce qu'il faut faire.
* s'il est trop confus (et vous aussi), avant qu'il ne perde conscience, donnez-lui du sucre. (Ex.: un breuvage sucré)

— Si le diabétique est inconscient, placez-le en position de recouvrement et transportez-le à l'hôpital le plus rapidement possible.

N.B.: ON NE DONNE JAMAIS QUOI QUE CE SOIT PAR LA BOUCHE À UNE PERSONNE INCONSCIENTE.

EMPOISONNEMENT

Premiers soins

— Si la personne est consciente et qu'elle a ingurgité de l'acide

ou des produits à base de pétrole, NE LA FAITES PAS VOMIR, mais donnez-lui à boire beaucoup d'eau pour diluer le poison.
— Si elle a ingurgité un autre type de poison, provoquez le vomissement en mettant un doigt dans la gorge.

HÉMORRAGIE: (externe)

L'organisme renferme de 5 à 6 litres de sang. Une personne qui a une artère sectionnée les perdra en l'espace de plus ou moins 4 minutes.

Symptômes

— *Perte de sang artérielle:*

* le sang s'écoulera par jets (correspondant à chaque battement de coeur) et sera de couleur rouge clair (hémorragie difficile à contrôler)

— *Perte de sang veineuse:*

* le sang s'écoulera en jet continu et il sera de couleur rouge-bleu sombre (hémorragie facile à contrôler)

Premiers soins

— Généralement, l'élévation du membre blessé et une pression sur l'artère ou les veines (voir «points de compression» (fig. 18) conduisant à la plaie, pendant 6 à 10 minutes, devraient arrêter l'hémorragie grâce aux mécanismes de défense de l'organisme.
— Mais si une forte pression de la main *ne diminue pas radicalement l'écoulement de sang*, il faut rapidement faire un garrot.

N.B.: Une fois le garrot installé, il ne faut en aucun cas le desserrer avant que la victime soit confiée au médecin. Si cette mesure n'est pas respectée, il pourrait en résulter un choc suivi d'une perte de sang qui risquerait d'occasionner la mort.

Pour installer un garrot

1– Le garrot sera confectionné, si possible, avec du tissu solide et flexible et sera placé entre le coeur et la blessure, à plus ou moins 10 cm de cette dernière (mais pas sur une articulation). Dans la mesure du possible, il sera placé sur un vêtement, pour ne pas pincer la peau, d'ailleurs la largeur du garrot devrait être d'au moins 3 cm après resserrement.

N.B.: Cette règle à suivre est importante, car si la peau est détériorée, elle ne pourra plus servir à recouvrir une amputation possible. Les médecins devront par conséquent amputer plus haut sur le membre.

CHAPITRE I

LA PSYCHOLOGIE DE LA SURVIE EN FORÊT

La connaissance de la nature, des techniques de survie et, surtout, de lui-même permet à un individu de faire face efficacement à une situation de survie.

Si vous devez vivre ce genre de situation, cela ne devrait généralement pas durer plus de 72 heures, jusqu'à l'arrivée des secours. Bien entendu, la condition *sine qua non* pour que l'on vous recherche est d'avoir été préalablement déclaré disparu ou perdu. En l'occurrence, il est très important lorsque vous partez en excursion, de toujours faire part à vos proches de votre itinéraire et de la durée maximale de votre séjour.

En cas de difficulté, ne cédez surtout pas à la panique, car elle pourrait transformer un simple problème en véritable catastrophe. *Votre pire ennemi sera vous-même.* Restez où vous êtes. Acceptez immédiatement la réalité de la situation et réagissez comme il convient en mettant en pratique vos connaissances. Ayez confiance en vous.

LES SEPT ENNEMIS DE LA SURVIE:

1- La peur
2- La douleur
3- Le froid
4- La soif
5- La faim
6- La fatigue
7- L'ennui et la solitude.

1- *La peur*

La peur peut conduire à la panique. Il est tout à fait normal de connaître la peur. Si vous l'acceptez comme étant une réaction naturelle, vous pourrez suffisamment la maîtriser et agir avec méthode plutôt qu'au hasard, souvent malencontreux, de vos émotions.

— La peur de la mort

La vie est dangereuse, à preuve je ne connais personne qui s'en sortira vivant. Mais dites-vous toujours que ce ne sera sûrement pas demain la veille. Priez si le côté subjectif de votre personnalité vous a amené à croire à une mythologie religieuse. Si vous n'êtes pas croyant et ne possédez pas une personnalité anxieuse, la peur de la mort sera probablement un stimulant positif qui vous permettra de vous en sortir. Quant aux autres types de personnalités, c'est le moment ou jamais de devenir soit religieux ou soit rationnel.

— La peur de l'obscurité

Un aveugle n'a pas plus peur la nuit que le jour. Cette peur de l'obscurité vient du fait que la vision est le sens le plus utilisé et que nous ne sommes pas habitués à donner priorité à l'ouïe.

— La peur des animaux

Au Canada, peu d'animaux s'attaquent délibérément à l'homme (occasionnellement le grizzly et l'ours polaire). Faites fuir une imagination infantile (et les animaux environnants) en allumant un feu.

— La peur du ridicule

Dites-vous que les meilleurs coureurs des bois se sont tous déjà perdus et ont vécu des situations critiques probablement plus d'une fois. La meilleure façon de ne jamais se perdre et de ne pas connaître de problèmes est de rester chez soi. Je crois qu'il est préférable d'être un vivant actif aux prises avec un problème délicat plutôt qu'un mort vivant «lobotomisé» par les sports télévisés.

— Se sentir coupable

Même si votre situation précaire est vraiment imputable à une erreur de votre part (généralement ce sera le cas), dites-vous, qu'il est presque toujours impossible de revenir en arrière, que l'erreur est humaine et que si un individu prétend ne jamais commettre d'erreur, c'est probablement parce qu'il en est lui-même une, en tant qu'être humain.

N.B.: Le simple fait d'avoir avec soi une trousse individuelle de survie et de se concentrer sur les tâches à accomplir pour s'en sortir, contribue grandement à éloigner la peur.

2- *La douleur*

Notre organisme s'en sert pour nous avertir que quelque chose ne va pas. Il faut en tenir compte et, dans la mesure du possible, en soigner la ou les causes. L'extrême tension due à une situation difficile peut faire oublier la douleur, voilà un danger dont il faut être prévenu et ne jamais l'oublier. Mais à l'opposé, y porter trop d'attention peut provoquer un bien plus grand danger, celui de miner la volonté.

3- *Le froid*

Le froid est un ennemi fréquent sous nos latitudes. L'amateur de plein air qui ne le connaît pas, peut se faire insidieusement envahir par lui. Il affecte vigoureusement la volonté. Sachez le combattre. (Voir: Hypothermie; Gelures et engelures).

4- *La soif*

Au Québec, trouver de l'eau potable est relativement facile, même si vous êtes éloignés des lieux habités. Il est possible de passer trois jours sans boire. Alors, même si la sensation de soif est désagréable, en survie, la quête de l'eau n'est pas le premier problème à régler, du moins dans les premières 24 heures. Par la suite elle s'avérera nécessaire. (Voir l'eau potable).

5- *La faim*

À ne rien faire, une personne en bonne santé, qui peut boire à sa guise, survivra environ trois semaines sans manger. Par contre le manque de nourriture diminuera sa résistance au froid, à la douleur et à la peur. Mais la faim, même si la sensation est désagréable, cause relativement peu de problèmes pour les deux ou trois premiers jours si l'eau est disponible à volonté. (Voir la nourriture).

6- *La fatigue*

Une forte tension nerveuse, une dépense physique inhabituelle et le manque de sommeil peuvent causer des états dépressifs conduisant à l'épuisement. Ces états peuvent rendre négligent et indifférent, ce qui est très dangereux. Il faut savoir se reposer sans pour autant succomber à l'envie de ne rien faire. Établissez-vous un horaire qui dosera repos et activités, permettant ainsi d'exécuter les nécessités quotidiennes ayant pour but de pouvoir vous en sortir.

7- *L'ennui et la solitude*

Selon votre personnalité, l'ennui et la solitude peuvent être très angoissants au point de conduire à la folie ou du moins à agir irrationnellement. Gardez-vous occupé. Soyez calme. Dites-vous qu'il est pratiquement impossible que l'on ne puisse pas éventuellement vous retrouver, surtout si vous avez tout mis en oeuvre pour vous signaler. Profitez-en pour faire le point sur vous-même et considérez la situation comme un jeu ayant pour but de vous renforcer. Cela pourrait même devenir une expérience fascinante.

LA SURVIE DE GROUPE

La survie en groupe est généralement plus facile. Mais il faut savoir s'organiser, ce qui nécessite l'élection d'un chef qui sera choisi pour ses connaissances en forêt et ses qualités de «meneur d'hommes». Il s'agira par la suite de se fixer des objectifs, définir un plan d'action et de donner à chacun des tâches à accomplir en fonction de leurs compétences respectives.

Un groupe de soldats est généralement plus apte à se sortir d'une impasse qu'un groupe de civils, même si ce dernier compte plus d'individus à forts potentiels. Pourquoi? Grâce à la structure hiérarchique de l'armée.

LES ATOUTS PSYCHOLOGIQUES PERTINENTS À LA SURVIE

Qualités personnelles

1- Pouvoir garder son sang-froid.
2- Être positif et réaliste.
3- Pouvoir décider.
4- Être imaginatif.
5- Être endurant.
6- Pouvoir rester seul.
7- Pouvoir s'adapter facilement à une situation.

Qualités de groupe

1- L'organisation hiérarchique.
2- Chaque individu remplit une fonction qui convient à ses compétences.
3- Chaque individu travaille vers un objectif commun au groupe.

L'ORCHESTRATION DES RECHERCHES

Qui faut-il prévenir, s'il y a un disparu?

Il s'agit simplement de contacter la Sûreté du Québec, et dans les autres provinces, les polices responsables.

Sur les eaux navigables et si vous possédez un poste émetteur vous pouvez également contacter la Garde côtière canadienne.

La Garde côtière et la Sûreté du Québec (ou autre police) seront appuyées, si nécessaire, par la Protection civile, la Défense nationale et à l'occasion, par la Gendarmerie royale du Canada, les ministères des Loisirs, de la Chasse et de la Pêche; de l'Énergie, des Mines et des Ressources; des Pêches et Océans; des Affaires indiennes et du Nord; etc.

CHAPITRE II

LES ABRIS

L'abri constitue un élément essentiel de survie, parce qu'il permet de se protéger des intempéries, de se reposer, et ainsi de refaire ses forces pour affronter le lendemain.

FACTEURS À CONSIDÉRER DANS LE CHOIX D'UN ABRI

— La température et la saison.
— Les outils disponibles.
— Le couvert végétal ambiant.
— La proximité d'une bonne quantité de bois sec pour l'entretien facile d'un feu.
— La proximité d'eau potable.

RÈGLES À RESPECTER LORS DE L'ÉRECTION D'UN ABRI

— *Construire avant la nuit*

Si vous êtes perdu, n'attendez pas que la nuit soit tombée avant de commencer la construction d'un abri.

— *Tenir compte du vent*

Le vent ne devrait pas arriver face à l'ouverture de l'abri mais de préférence avec un angle d'environ 45° par rapport à l'axe arrière de ce dernier.

— *Isolation*

Il faut toujours s'isoler du sol. L'idéal est, bien entendu, un tapis de sol spécialement conçu à cet effet. Mais une couche de branches de conifères, d'au moins 15 cm d'épaisseur, dans laquelle seront plantées, en rangs serrés et avec un angle de 45°, d'autres branches de conifères d'une longueur d'environ 60 cm, fera un excellent isolant.

Pour ma part, je préfère confectionner un petit lit de camp surélevé d'au moins 15 à 20 cm (fig. 1) sur lequel, je dépose

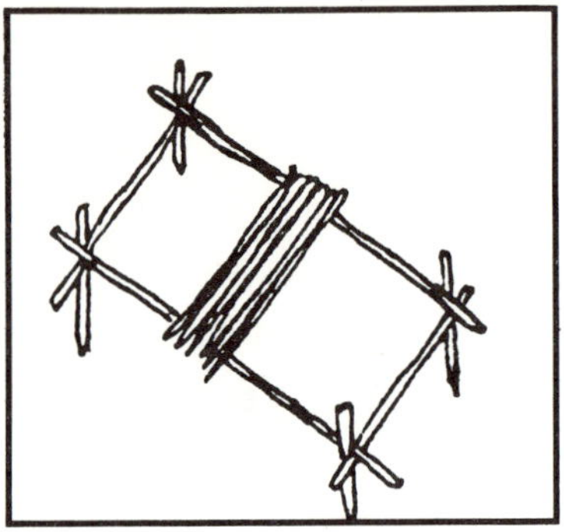

LIT DE CAMP IMPROVISÉ
fig. 1

ABRIS DE CONSTRUCTION RAPIDE

ARBRE COUPÉ OU CASSÉ
fig. 2

AVEC UNE EMBARCATION
fig. 3

une couche de branches de conifères. L'efficacité est généralement bonne et l'élaboration est relativement plus rapide que la technique précédente.

— *L'égouttement*

Choisir un endroit sec au sol s'égouttant bien et dont le relief ne permettra pas l'accumulation d'eau en cas de pluie abondante. Pour plus de sûreté, il est préférable de creuser une petite tranchée tout le tour de l'abri, permettant ainsi un ruissellement adéquat en cas de nécessité.

MODÈLES D'ABRIS

Abris de construction rapide

— Un arbre cassé à environ 1,5 mètre du sol (fig. 2) ou partiellement coupé, dont la chute aura été forcée. (Tenir compte de la direction du vent.)
— Avec une embarcation (fig. 3). Prenez soin de bien vous isoler du sol.
— Tente suspendue confectionnée avec une toile de survie (fig. 4).
— Une aspérité rocheuse protégée du vent en face de laquelle seront érigés un feu et un réflecteur (fig. 5).

N.B.: Soyez très prudent avec les couvertures de survie. Généralement, elles sont conçues en matière plastique et par conséquent, très inflammables.

L'appentis

L'appentis est un excellent abri relativement facile à construire.

Modalités de construction:

— Tenir compte de l'emplacement (vent et sol).
— Les extrémités du toit seront supportées (fig. 6a) ou attachées (fig. 6b) à deux arbres ou à des trépieds (fig. 6c) (ou bipieds) faits de perches et elles seront séparées l'une de l'autre par une distance de 2,5 à 3,5 m (7 à 10 pieds) (fig. 7).
— Avec une toiture de branchage, la pente devra avoir environ 45° car si elle est moins abrupte, l'eau s'infiltrera plus facilement lors d'une pluie.
— Recouvrez la charpente avec une toile imperméable ou des branches de conifères. De préférence celles du sapin et/ou de la pruche et/ou du thuya (cèdre), car contrairement à celles de l'épinette, leurs aiguilles sont plates et permettent moins l'infiltration de la pluie.

TENTE À L'AIDE D'UNE TOILE DE SURVIE
OU D'UNE FEUILLE DE PLASTIQUE
fig. 4

FACE À UNE PAROI ROCHEUSE
fig. 5

L'APPENTIS

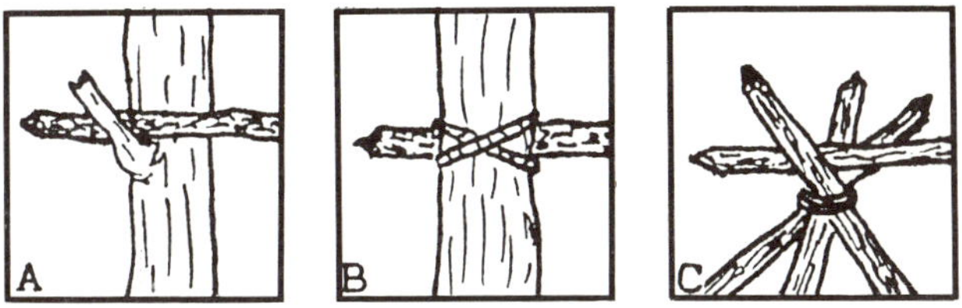

MODÈLES DE SUPPORT
fig. 6

STRUCTURE DE L'APPENTIS
fig. 7

— Ces branches seront disposées sur la toiture comme des bardeaux, soit rang par rang avec le gros bout vers le haut et l'extrémité vers le bas, couvrant ainsi le tiers du rang précédent. Couvrir toute la toiture et recommencer plusieurs fois l'opération de façon à obtenir une épaisseur minimale de 15 cm (et même plus si de la pluie abondante est prévue).
— Les côtés seront bloqués avec de grosses branches déposées la tête en bas.
— Faites un bon tapis de sol (et/ou un lit de camp).
— Étalez une ou plusieurs billes de bois vert parallèlement à l'entrée pour vous protéger du feu.
— Faites un réflecteur derrière le feu.

EN HIVER

L'igloo

Il est de construction difficile pour un profane et, à moins que nous nous trouvions dans le Grand Nord, la neige offre rarement la consistance nécessaire à son érection. Mais si jamais l'occasion se présente:

— Tracez un cercle à l'endroit où vous voulez l'ériger. Il devra avoir un diamètre de 2,5 mètres pour une personne seule, 3 mètres pour 2 ou 3 personnes et 4 mètres pour 4 ou 5 personnes.
— À l'aide d'une machette ou d'une égoïne à neige, taillez des blocs d'une longueur de 1 mètre par une largeur (ou hauteur) de 50 centimètres et d'une épaisseur de 15 centimètres.
— Les blocs auront leurs joints axés vers le centre de l'igloo et seront découpés pour être assujettis en forme de spirale ayant un angle refermant vers l'intérieur (fig. 8).
— Lorsque le premier rang est terminé, vous amorcerez le deuxième rang en taillant les blocs à l'intérieur du cercle de l'igloo. Ils devront être assujettis en retrait par rapport à ceux du premier rang (fig. 9). Chaque bloc ne devra porter qu'aux points 1, 2 et 3 car s'il porte aux points 4 et 5, il pivotera et glissera (fig. 10).
— Lorsque vous aurez terminé, n'oubliez pas de faire 1 ou 2 trous d'aération.
— Par la suite, vous construirez une plate-forme de neige d'une hauteur d'environ 20 centimètres couvrant les 2/3 de la superficie intérieure de l'igloo. Le haut de l'entrée ne devra pas excéder le niveau de cette plate-forme. Ce détail de construction permettra à l'entrée de vous protéger des rafales de vent.
— S'il vente beaucoup, faites (à l'extérieur) un remblai d'une hauteur d'au moins 50 cm. Celui-ci empêchera la poudrerie d'éroder trop rapidement la paroi de l'igloo.

IGLOO

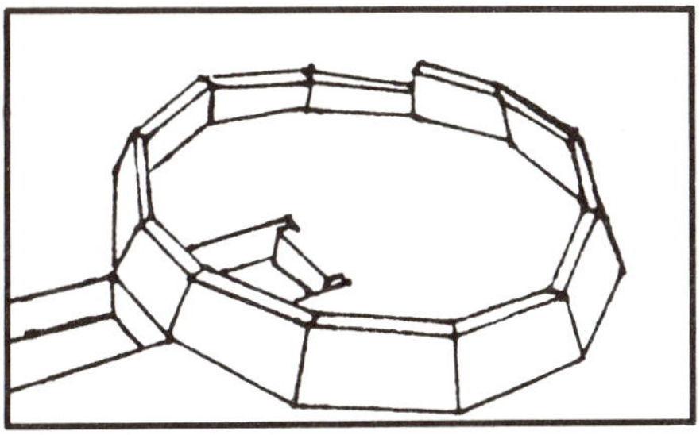

LES BLOCS SONT PLACÉS
EN FORME DE SPIRALE

fig. 8

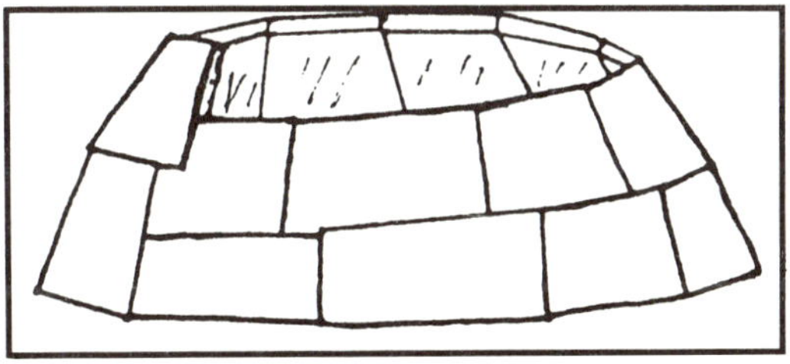

LES BLOCS SONT ASSEMBLÉS
EN RETRAIT

fig. 9

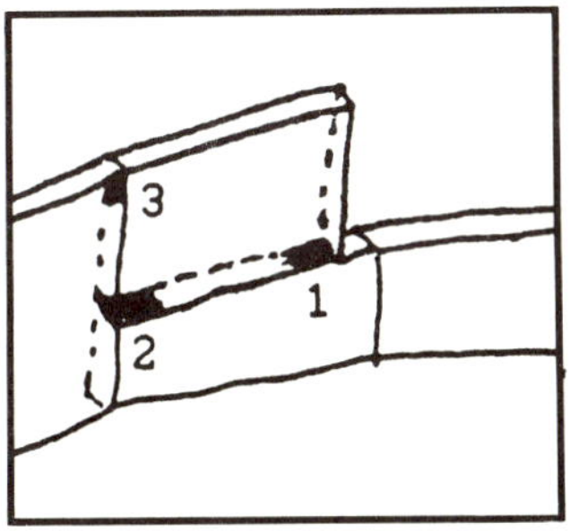

CHAQUE BLOC NE DOIT PORTER
QU'AUX POINTS 1, 2 ET 3

fig. 10

— L'intérieur sera chauffé avec une chandelle ou un koodlik. Ne consommez que de la nourriture à cuisson rapide et évitez de produire de la vapeur.
— Si l'igloo est trop chauffé, une couche de glace se formera sur sa paroi intérieure. Elle devra être grattée pour redonner à la neige sa capacité isolante.

Grotte dans la neige (fig. 11)

Sur un bas de pente où la neige s'amoncelle et se tasse, creusez une grotte assez grande pour que vous puissiez vous y abriter. N'oubliez pas de percer une ou deux cheminées d'aération. Faites-les sur les côtés, en oblique pour ne pas drainer la chaleur, car cette dernière s'échappe vers le haut.

Trou dans la neige (fig. 12)

Si vous disposez de branchages, à mon avis, c'est le plus rapide à construire et le plus efficace des abris d'hiver.

— Creusez une tranchée dont la partie qui vous abritera sera recouverte de branchages.
— Isolez bien au niveau du sol et tapissez les murs de branches.
— Dans l'autre partie, allumez un feu. La paroi de neige sera un excellent réflecteur. N'oubliez pas de vous protéger du feu à l'aide d'une bille de bois vert. Vous pourrez chauffer à votre guise, l'abri ne fondra pas.
— Si vous ne pouvez pas faire de feu, recouvrez la toiture de neige et ne conservez qu'une couverture suffisamment grande pour vous y glisser. Elle sera en oblique et partiellement refermée pour servir de cheminée d'aération.

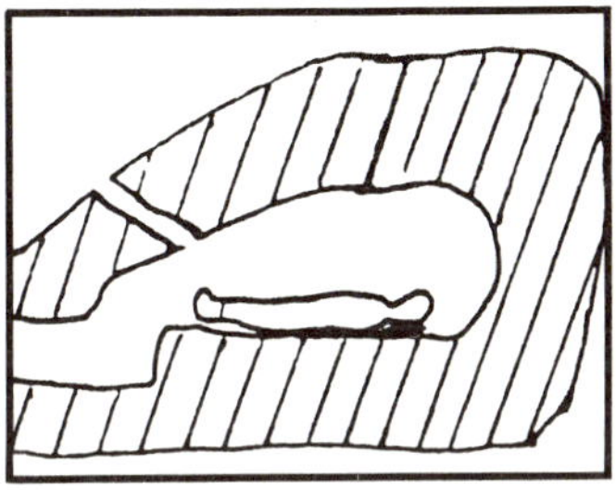

GROTTE DANS LA NEIGE

fig. 11

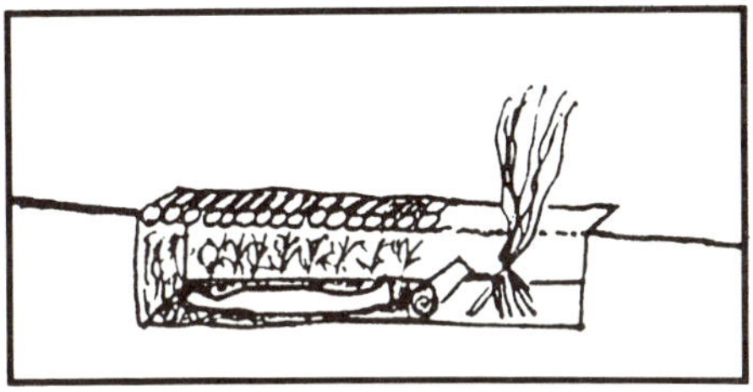

TROU DANS LA NEIGE

fig. 12

CHAPITRE III

LE FEU

Puisque l'être humain est un animal à sang chaud, son besoin de chaleur correspond à une nécessité biologique et explique bien l'importance capitale qu'il accorde au feu. Ce dernier sert aussi à cuire les aliments et le réconfort qu'il procure à l'homme est un atout psychologique indispensable. Par contre, aussi fondamental que puisse être l'avantage du feu, aussi terrible sera sa capacité destructive. Il faut donc connaître et respecter certaines règles, pourtant simples à appliquer mais que beaucoup de gens semblent malheureusement ignorer.

RÈGLES À SUIVRE

Règles sécuritaires

— Toujours choisir un emplacement à l'abri du vent et jamais rapproché d'une vieille souche, d'un arbre, ou en dessous de ses branches; non plus à proximité d'une construction ou sur un sol où les racines se situent près de la surface. On oublie souvent ce dernier détail très important puisque en effet, les racines peuvent couver une braise active pouvant dégénérer en incendie après plusieurs jours.

— Toujours nettoyer l'emplacement du feu sur une surface d'environ 2 mètres de diamètre. S'il est difficile d'en retirer toutes les matières organiques, arroser à fond le pourtour de l'emplacement.

— Toujours garder à proximité d'un feu ce qu'il faut pour l'éteindre: soit de l'eau, du sable, de la terre ou un grand vêtement en tissu lourd et difficilement inflammable (tel que de la vraie laine et du pur coton). *N.B.:* Ne jamais utiliser un tissu synthétique pour éteindre un feu.

— Ne jamais oublier qu'un feu de corps gras ou d'un gaz quelconque ne s'éteint pas avec de l'eau (au contraire cela

l'étendrait), mais avec, soit du sable, de la terre, du sel ou du bicarbonate de soude.
— Avant de quitter un emplacement où il y a un feu, toujours bien arroser ce dernier et cela jusqu'à ce qu'il ne produise plus de fumée, même en remuant ses cendres avec une branche.

Règles d'éthique

— Toujours utiliser, s'il y en a, les emplacements de feux déjà établis.
— Ne jamais faire de feu sur une rive, un sentier ou un beau site naturel.
— Ne pas dénuder les troncs d'arbres vivants en enlevant leur écorce pour l'utiliser comme allume-feu. Cela les tue. Prendre l'écorce des arbres déjà morts ou celle de surface qui se soulève d'elle-même.
— Faire brûler les dernières bûches en entier et disperser le tout pour effacer les traces de son passage, et bien sûr, il faut rapporter tous les déchets domestiques qui n'ont pas brûlé (boîtes de conserve, papier d'aluminium, etc.).

TECHNIQUES D'ALLUMAGE

Craquer une allumette ou actionner un briquet sont des moyens courants et faciles d'obtenir de la flamme, mais cela n'est pas toujours aussi aisé de la transmettre à l'amas de bois que l'on vient de constituer.

Matériaux d'allumage

— Écorce d'arbres *MORTS* (tels le bouleau blanc, bouleau jaune [merisier], cèdre et tremble).
— Les feuilles sèches et les parties sèches de la quenouille, de la verge d'or, des lichens, etc.
— Les brindilles sèches (pas plus grosses que des allumettes) retrouvées à la base des conifères (et non par terre).
— Les vieux nids d'oiseaux.
— Les éclisses de bois mort et sec frisées au couteau (fig. 1). Efficaces pour allumer un feu même sous la pluie (si elles ont été gardées au sec bien entendu).
— La résine et/ou les cônes (bien secs) de conifères.

Les allume-feux

— Les allume-feux commerciaux existent sous plusieurs aspects impossibles à énumérer ici, mais ceux qui sont vendus sous la forme de petits cubes blancs sont légers et efficaces.
— Les bouts de chandelles sont également très efficaces.

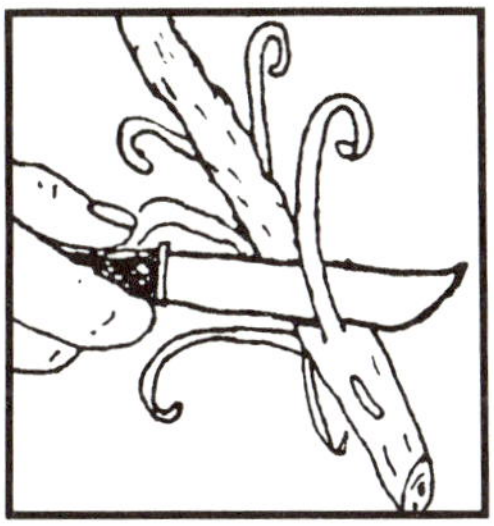

ÉCLISSES DE BOIS MORT FRISÉES AU COUTEAU
fig. 1

MODÈLES DE FEUX

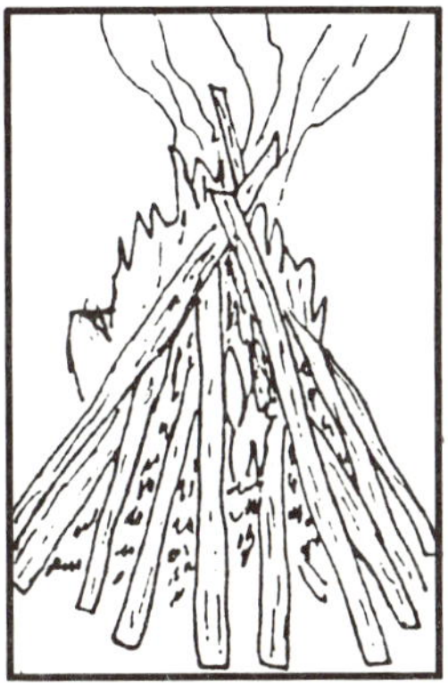

EN FORME DE TIPI
fig. 2

— Les cannettes-réchauds de type «STERNO» ont différents avantages: il est possible, pour faciliter l'allumage d'un feu, d'enduire le matériel mouillé de leur gelée à base de pétrole. Le réchaud lui-même, une fois allumé, constitue un bon petit poêle de secours.
— Il est possible de se confectionner soi-même d'excellents allume-feux: de la ficelle densément enroulée autour d'une allumette et le tout plongé dans de la paraffine fondue crée un allume-feu possédant l'avantage d'être auto-allumant en même temps qu'imperméable.
— Un autre allume-feu efficace s'obtient en enroulant serré du papier journal (faire un rouleau d'un diamètre égal à celui d'une pièce de 5 cents ou de 25 cents); retenir ce rouleau en place à l'aide de papier adhésif et le trancher en rondelle d'environ 1 cm d'épaisseur; rondelles qui seront trempées dans la paraffine fondue (avant de les plonger dans la paraffine, rien n'empêche d'attacher à chacune un bout de ficelle qui facilitera la trempette et l'allumage ultérieur).

MODÈLES DE FEUX

La première fonction d'un feu est de cuire les aliments, il ne sert à rien de faire de grands feux.

Le feu en forme de tipi (fig. 2)

Peut servir à la cuisson par mauvais temps mais il sera surtout utilisé comme générateur de chaleur car il est facile de lui donner la dimension nécessaire.

Les tranchées (fig. 3)

Elles permettent de cuire les aliments sur la braise et d'alimenter cette braise au besoin par l'intermédiaire du feu adjacent.

— Elles doivent être parallèles à la direction du vent.
— Placer la partie flamme du côté opposé au vent pour éviter de se faire enfumer.

Le feu souterrain (fig. 4)

Il est certainement le plus efficace et le plus sécuritaire mais malheureusement le plus difficile à construire.

— Il nécessite au moins une ouverture dans le sens des vents dominants. Cette ouverture apporte l'air nécessaire pour activer le feu.

Le feu en étages (fig. 5)

Pour la cuisson, il a le désavantage de dégager trop de flamme si le bois est sec mais si ce dernier est vert il devient alors un des feux les plus appropriés (placer le bois le plus sec à la base).

POUR LA CUISSON DES ALIMENTS

À la broche (fig. 6)

— Utiliser toujours une branche très verte.
— La cuisson devra toujours se faire au-dessus de la braise.
— Se servir d'une lanière ou d'une corde, attachée à un pieu, pour ajuster la distance entre la pièce à cuire et la braise.

Sur une bûche (fig. 7)

— Fixer la pièce de viande ou de poisson sur une bûche à l'aide de clous, de goujons de bois vert ou d'un fil de laiton.
— Rudimentaire mais très efficace.

Sur la grille

— Je crois que ce mode de cuisson ne nécessite pas de dessin ni de commentaires spécifiques.

Dans la braise (fig. 8)

— Creuser un trou de la dimension appropriée.
— Recouvrir les parois avec des pierres.
— Déposer une couche de braise, ensuite, la nourriture à cuire (enveloppée dans du papier d'aluminium ou des feuilles de nénuphar, si nécessaire) et bien couvrir le tout avec une autre couche de braise.

Pour suspendre une marmite (fig. 9)

En hiver

Tous les modèles décrits ci-dessus sont utilisables en hiver. Mais il sera nécessaire, au préalable, de bien fouler la neige et de faire un plancher avec une bonne épaisseur de branches vertes ou préférablement de bois vert.

N.B.: Ne faites jamais un grand feu sur un lac ou une rivière.

LES POÊLES DE FORTUNE

Le poêle de clochard (fig. 10)

C'est un poêle économique et assez efficace servant à la cuisson extérieure. Il sera confectionné à partir d'une chaudière de métal de 20 litres ou d'un baril de 100 ou 200 litres (pour obtenir plus d'efficacité, tronquer si possible, le baril de 200 litres du quart de sa hauteur).

Une variante consiste à couper en deux (dans le sens vertical ou horizontal, au choix) ce genre de contenant, de le char-

SOUS FORME DE TRANCHÉE
fig. 3

FEU SOUTERRAIN
fig. 4

FEU EN ÉTAGES
fig. 5

POUR LA CUISSON DES ALIMENTS

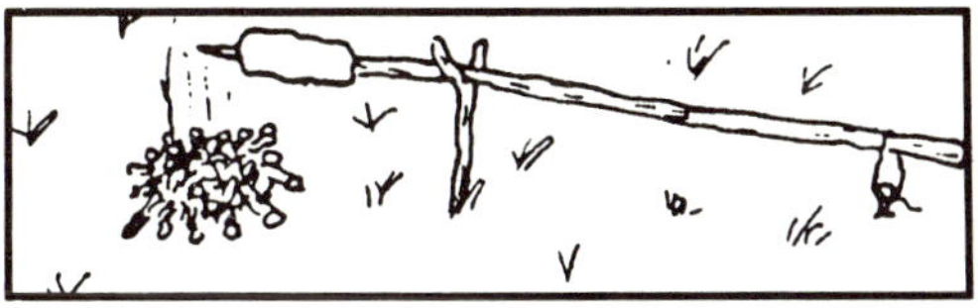

À LA BROCHE
fig. 6

SUR UNE BÛCHE
fig. 7

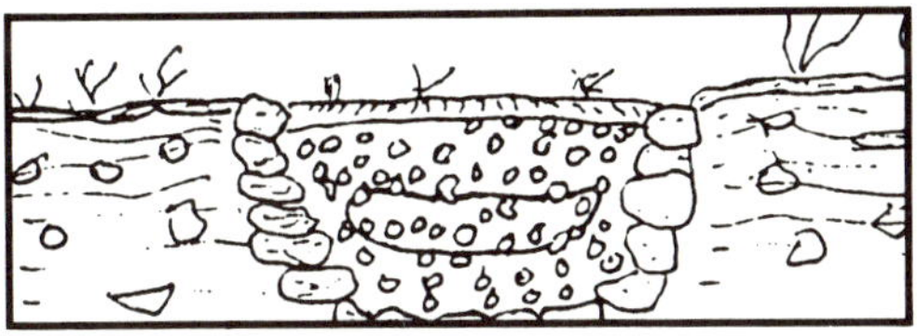

DANS LA BRAISE
fig. 8

POUR SUSPENDRE UNE MARMITE
fig. 9

ger de braises pour finalement y installer une tige pour la cuisson à la broche ou y déposer une grille.

Le koodlik

C'est le nom du poêle traditionnel des Esquimaux. On peut le fabriquer avec une boîte de sardines dont il faudra tordre le couvercle, de façon à ce qu'il serve de support à la mèche qui sera confectionnée à partir d'une pièce de coton; celle-ci sera aussi large que la longueur de la boîte de conserve et déposée en accordéon dans le fond de cette dernière. Il ne reste plus alors, qu'à remplir le koodlik de paraffine fondue. Lors de l'utilisation, il faudra allumer la mèche et attendre que la paraffine soit suffisamment fondue, avant d'ajuster l'intensité de la flamme (à l'aide d'un couteau).

Ce petit poêle est efficace, économique, très peu encombrant et il peut servir à la cuisson légère ou à l'éclairage. Par contre, la paraffine en se consumant a le désavantage de noircir chaudrons et plafonds trop bas.

Pour remplacer le combustible utilisé, il s'agit simplement de déposer au besoin des petits blocs de paraffine d'environ 1 cm cube.

N.B.: Ce poêle peut fonctionner avec du gras animal ou de l'huile à lampe (avec le désavantage de sentir mauvais et de compliquer son transport). *Surtout ne jamais utiliser du kérosène, du gaz blanc ou de l'essence.*

Une variante: consiste à déposer dans un pot de métal (idéalement un pot à tabac) un rouleau de papier de toilette imbibé de paraffine fondue ou d'huile à lampe.

Si vous êtes bricoleur, taillez une fenêtre dans le couvercle, installez-y une petite trappe coulissante qui sera maintenue par quatre boulons et des écrous en forme d'oreilles, lesquels serviront aussi de support aux chaudrons.

LES QUALITÉS COMBUSTIBLES DU BOIS

En forêt, pour avoir un bois qui brûle bien, choisissez les arbres morts qui sont encore debout ou inclinés.

Dans une situation de survie, la proximité d'une tourbière, d'un barrage de castors ou de tous les autres endroits périodiquement inondés, recéleront une source appréciable de combustible sec. Commencez par cueillir le bois relativement loin de votre feu pour ainsi refermer le cercle durant la nuit. Par grand froid, cela pourrait facilement nécessiter, pour vous tenir suffisamment au chaud toute une nuit, une centaine de tiges (ou parties de tiges) d'un diamètre de 4 à 8 cm pouvant ainsi être brisées à la main sans hache ni scie. Au cinéma les petits

POÊLES DE FORTUNE

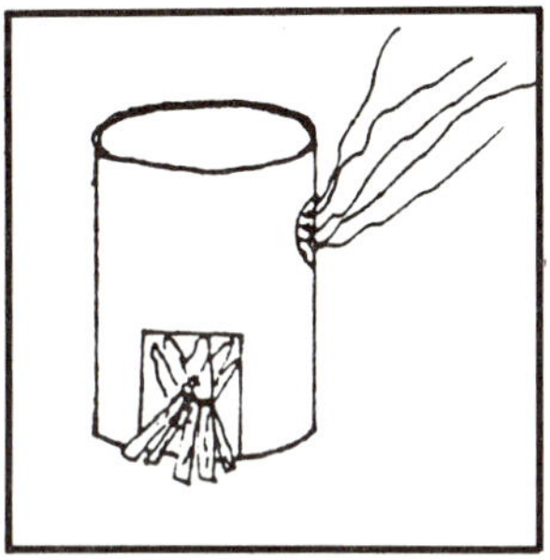

POÊLE DE CLOCHARD
fig. 10

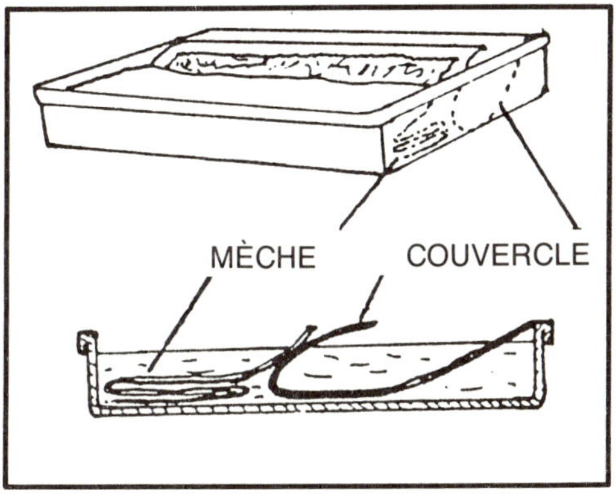

LE KOODLIK
fig. 11

feux de «cow-boy» qui brûlent jusqu'au petit matin, eh bien!... apprenez que «c'est arrangé avec le gars des vues». *N.B.:* Il faudra déposer les tiges sur le feu de façon à ce que ce dernier les coupe à la dimension voulue.

— Un arbre mort ne possède aucun feuillage et aucun bourgeon.
— Un moyen pour différencier, à coup sûr, un arbre mort d'un arbre vivant consiste à gratter l'écorce d'un rameau à l'aide d'un ongle. S'il y a du «vert» c'est que l'arbre est encore vivant.
— Mais un arbre mort peut être sec aussi bien que pourri. S'il est pourri, il se consumera très mal ou pas du tout. Pour en connaître l'état frapper le tronc mort avec le poing; si le son est creux, il est sec; si le son est feutré, il est pourri.
— Les résineux serviront à allumer les feux et ils brûlent rapidement. Les bois durs brûlent longtemps et font de belles braises.

Caractéristiques de chauffage
pour certaines essences (sèches):

Essence	Facilité de fendage	Facilité d'allumage	Fumée épaisse	Étincelles	Carbonisation
Bois durs:					
Bouleau jaune	oui	oui	non	moyennement	bonne
Bouleau blanc	oui	oui	oui	moyennement	pauvre
Érable à sucre	oui	peu	non	peu	excellente
Érable rouge	oui	peu	non	peu	excellente
Frêne	oui	assez	non	peu	moyenne
Hêtre	non	peu	non	peu	bonne
Peuplier	oui	assez	non	moyennement	pauvre
Bois mous:					
Épinette	non	oui	oui	moyennement	pauvre
Sapin	moyennement	oui	oui	moyennement	pauvre
Pin (blanc)	oui	très	assez	moyennement	pauvre

Équivalence en litres d'huile à chauffage
pour une corde de bois
(3,6 mètres cubes apparents).

Essence	Équivalence approximative (en litres)
Bouleau jaune	850
Bouleau blanc	636
Érable à sucre	941
Érable rouge	777

Essence	Équivalence approximative (en litres)
Frêne	732
Hêtre	905
Peuplier	573
Épinette	586
Sapin	582
Pin (blanc)	555

POUR OBTENIR LA PREMIÈRE FLAMME

Il est heureux de bien connaître les dangers causés par le feu ainsi que les méthodes de prévention d'incendie, de même que les techniques et les matériaux d'allumage, les différentes possibilités de constructions de feux et les méthodes de cuisson. Mais à quoi cela peut-il servir s'il nous est impossible d'obtenir la première flamme?

Les allumettes

Les premières allumettes, s'enflammant d'elles-mêmes par friction sur une surface rugueuse (comme celles d'aujourd'hui), furent inventées par un droguiste anglais du nom de John Walker, en 1827.

C'est donc une invention relativement récente et compte tenu de son utilisation quotidienne il nous est presque impossible d'imaginer la vie sans elles. Si vous vous perdez en forêt par temps froid et que vous n'avez rien qui vous permette d'allumer un feu, vous comprendrez alors la pertinence de cette affirmation.

Ainsi, l'amateur de plein air qui n'apporte pas avec lui une bonne provision d'allumettes, pourrait facilement être qualifié d'inconscient.

Nous retrouvons aujourd'hui deux variétés d'allumettes: les allumettes de sûreté (en bois ou en carton) qui s'allument seulement si elles sont frottées sur une surface spécialement préparée, et les allumettes «soufrées», en bois, qui s'allument sur n'importe quelle surface rugueuse.

On retrouve également sur le marché des allumettes imperméables et résistantes au vent, qui doivent fonctionner normalement à 90 % après une immersion totale de quatre heures dans l'eau. Mais personnellement, je les déconseille car tout comme les allumettes de sûreté, elles nécessitent un frottoir spécial pour s'allumer, lequel, comble de l'absurde, n'est pas très résistant à l'eau.

Selon moi, les meilleures allumettes sont en bois, et s'allument sur n'importe quelle surface rugueuse. On peut les protéger de l'humidité en les mettant dans des contenants étanches tels ceux qui sont offerts dans le commerce (fig. 12) ou tout simplement utiliser une cassette de pellicule de caméra (il est très pratique de coller un bout de papier sablé sous le couvercle). Et pour plus de sûreté, pourquoi ne pas les imperméabiliser par un trempage dans la paraffine fondue?

N.B.: Il est prudent de toujours répartir quelques contenants d'allumettes sur soi et dans ses bagages.

Les briquets

Les petits briquets au butane sont efficaces, durent longtemps et résistent à l'humidité. Ils sont aussi avantageux que les allumettes, si on prend soin, par mesure de sécurité, d'en répartir plusieurs dans les bagages et sur soi (il est toujours possible de connaître la quantité d'allumettes qui restent mais il est difficile de prévoir à quel moment un briquet va «flancher»).

Il faut aussi se rappeler que même si le réservoir est vidé, les étincelles que peut encore produire la pierre, pourront sûrement allumer du kérosène, du gaz blanc, de l'essence ou même de la poudre à fusil.

L'allume-feu au magnésium

Il s'agit d'un petit bloc de magnésium possédant une pierre d'allumage imbriquée. À l'aide d'un couteau, il faut produire un amoncellement de petites rognures de magnésium (de la dimension d'un 25 cents) qui devront être en contact avec le petit matériel d'allumage. Ensuite, avec la pierre et le couteau, il ne reste plus qu'à créer des étincelles qui enflammeront les rognures de magnésium qui produiront à leur tour une chaude flamme blanche (environ 3 000° C) allumant ainsi la base du brasier.

Un bloc peut allumer plusieurs centaines de feux et il fonctionne sous toutes les températures (à condition d'être à l'abri du vent).

Outre les allumettes et les briquets c'est le mieux que l'on puisse trouver pour facilement allumer un feu. Avec un demibloc, (je trouve la version originale inutilement trop longue) je m'en suis fait un porte-clés.

En camping, je me sers souvent de la pierre et d'un canif que je garde habituellement sur moi pour allumer mon poêle au gaz.

Les lentilles convexes

Tout le monde sait qu'avec une loupe et un chaud soleil, il est possible d'allumer un feu.

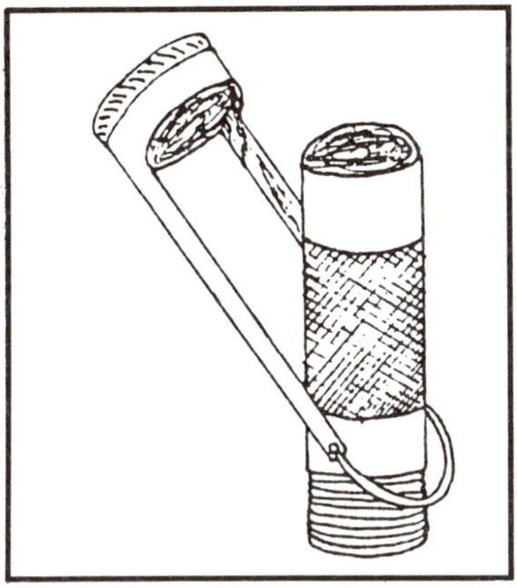

CONTENANT ÉTANCHE POUR ALLUMETTES
fig. 12

LE FEU PAR FRICTION
fig. 13

Ainsi à l'aide de jumelles ou de lentilles de caméra il est possible de faire converger les rayons du soleil.

N.B.: Peut-être devrez-vous sacrifier un objectif pour obtenir de lui une lentille convexe. Aujourd'hui, les objectifs sont construits avec un jeu de prisme ne permettant pas toujours de faire converger directement les rayons du soleil.

Avec une arme à feu

Dans la littérature conventionnelle sur la survie en forêt on retrouve à peu près ce langage[1] :

> «...on ouvre la cartouche en enlevant les plombs et la bourre. On répartit environ la moitié de la poudre sur les brindilles d'allumage, l'autre moitié demeure dans la cartouche. Un petit chiffon ou des débris d'étoffe sont introduits dans la douille et celle-ci est insérée dans la chambre de l'arme dont le canon est pointé vers le ciel. L'étoffe enflammée est projetée hors du canon pour retomber presque immédiatement, prête à être déposée sur les brindilles.»

Eh bien! vous essaierez...

Je crois que la meilleure façon consiste à étendre la poudre de quelques cartouches sur les brindilles d'allumage et de faire une petite traînée de poudre (qui jouera le rôle d'une mèche) jusqu'à une surface solide (telle une pierre plate). Par la suite déposer un détonateur (bien nettoyé) à plat au bout de cette «mèche» et le faire exploser à l'aide d'une pierre. Il est prudent de fermer les yeux et de détourner le visage au moment de l'impact.

Par friction (fig. 13)

Presque tous les textes traitant de la survie en forêt expliquent (généralement très mal) comment allumer un feu par la friction de deux pièces de bois. D'après moi, l'auteur qui en décrit le mieux la méthode est J. Georges Deschenaux[2].

> «Cette façon de procéder requiert un certain nombre d'articles: une tige de bois très sec d'environ 20 mm de diamètre et d'une longueur de 60 cm, dont une extrémité sera relativement pointue et l'autre plutôt arrondie; une planche de bois encore très sec, au centre de laquelle on pratique une cavité qui recevra le bout arrondi de la tige; une seconde cavité en forme d'auge partira de celle du centre vers le bord de la pièce de bois; un bloc d'appui pour la main, qui pourra être façonné de bois et muni d'un trou arrondi (une pierre

---

1 Inspiré de: J. Georges DesChenaux. *Techniques de survie,* S.L., Deuxième édition, INVI, 1983, p. 14.

2 J. Georges DesChenaux. *Techniques de survie,* p. 16.

avec une dépression naturelle au centre fera aussi bien l'affaire); un arc formé d'une tige de bois vert, aux deux extrémités de laquelle on attache une corde ou un lacet de chaussure. Il faut aussi des brindilles et matières combustibles sèches, réduites en copeaux très petits.

«La tige est insérée à sa partie pointue dans la cavité du coussin qui est tenu dans une main. L'extrémité arrondie de la tige est introduite dans la cavité de la pièce qui est retenue au sol en y appuyant un pied. La corde de l'arc est enroulée une fois autour de la tige et l'arc est tendu. Le mouvement de va-et-vient imprimé à l'arc entraîne la rotation de la tige; une pression sur le coussin causera assez de friction entre la tige et la planche pour produire une source incandescente qui glissera dans l'auge vers la matière combustible. Un peu de lubrifiant entre la tige et le coussin de la main facilitera le glissement et empêchera cette partie de chauffer.

«Lorsque la combustion semblera bien amorcée, il faudra l'attiser en ventilant, soit en soufflant avec la bouche ou au moyen d'un éventail de fortune. Cette méthode est efficace mais exige beaucoup de patience, ne vous découragez pas trop facilement.»

J'ai demandé à plusieurs groupes que j'ai amenés en forêt d'essayer d'allumer un feu par friction. J'en suis rapidement arrivé à la conclusion suivante: il est plus courant de trouver des gens avec des allumettes ou un briquet, ou possédant un autre moyen d'allumer un feu, que de retrouver des gens ayant sur eux une corde ou une lanière de cuir suffisamment solide pour confectionner et utiliser l'arc de roulement. Outre les bons lacets de cuir, les cordons conventionnels (sauf ceux de l'armée) sont généralement de trop mauvaise qualité pour résister au traitement sans rapidement s'effriter.

De plus, cette technique est inutilisable en hiver et très difficilement applicable par temps humide, d'ailleurs il faut beaucoup de pratique pour la réussir dans les conditions idéales.

De toute façon je vous conseille de l'expérimenter. Vous n'obtiendrez peut-être pas de flamme mais je garantis que vous aurez chaud.

Voici tout de même deux petits conseils:

— Pour la tige et la planche d'allumage utiliser la même essence et par ordre de préférence, du cèdre, de l'épinette et du sapin. (Très, très, très secs).
— Les arbres ayant tombé par chablis (vent très fort) ou parce qu'ils ont été frappés par la foudre (fréquent chez les sapins et les épinettes), offrent des éclats permettant de confectionner rapidement les meilleures planches à feux.

Autres moyens d'allumer un feu

— Frapper une pièce d'acier contre une pierre de silex ou de quartz permet de produire des étincelles pouvant allumer de l'essence. Si vous avez du matériel extrêmement sec, vous pouvez toujours essayer de l'allumer avec ces étincelles mais... bonne chance!

— Les véhicules automobiles permettent d'allumer facilement un feu. Outre l'allume-cigarette, l'accumulateur à l'aide de deux fils pourra produire de fortes étincelles allumant facilement de l'essence. *N.B.:* Ventilez toujours bien au-dessus des accumulateurs nécessitant de l'entretien (à bouchons) pour effacer le nuage de gaz d'hydrogène pouvant s'être formé. Ce dernier est très inflammable et une cigarette ou la moindre étincelle pourrait faire exploser l'accumulateur et vous blesser grièvement.

— Les motoneiges, scies à chaîne, motos, etc., offrent l'opportunité d'allumer facilement un feu à l'aide de leurs bougies et d'un peu d'essence.

CHAPITRE IV

L'EAU POTABLE

Sous nos latitudes, il est possible de vivre tout au plus 3 jours sans eau. Par la suite, surviendra la mort dans d'atroces douleurs. Il va sans dire que l'eau est un élément très important de survie, surtout après les premières 24 heures.

L'eau nous est fournie par les aliments et les liquides que nous absorbons. Nous l'éliminons en urinant et en transpirant. La transpiration contrôle la température du corps.

La déshydratation ne provient pas seulement de la perte en eau, mais également des déséquilibres ioniques complexes (pertes de sel). Par temps très chaud, ayez toujours sur vous des sachets de sel que vous pourrez ajouter à vos boissons.

Dans notre climat tempéré, il faut consommer un minimum de 2 litres d'eau par jour (activité normale). Dans le désert du Sahara, la ration journalière minimale *au repos* serait de 3 litres et s'accentuerait dans l'ordre de 8 à 12 litres s'il y a activité. Il est difficile de se rendre compte de la perte en eau que l'on subit. Donc, lorsqu'il fait très chaud, buvez tant que vous voulez si vous disposez de ressources illimitées en eau, ou du moins, appliquez les mesures sahariennes.

OÙ TROUVER DE L'EAU?

— L'eau jaillissant du sol est incontestablement la meilleure.

— Toute eau courante provenant d'un ruisseau ou d'une rivière et toute eau d'un lac bien drainé, situés dans une région éloignée de la civilisation est généralement potable. Utilisez une carte topographique pour suivre le cheminement de l'eau que vous voulez puiser. Il va sans dire qu'une eau qui a circulé près d'une ville, d'un village, d'une industrie ou d'un milieu agricole sera impropre à la consommation.

L'eau à partir de la neige

Ne jamais mettre de la neige (ou de la glace) directement dans votre bouche, vous dépenseriez alors une trop grande quantité d'énergie à la transformer, ce qui pourrait accentuer la déshydratation. De plus, vous risqueriez de vous blesser l'intérieur de la bouche par la formation d'ulcères par exemple.

— Faites-la fondre dans un récipient, sur un feu.

Pour épargner du combustible et du temps:

— Ne pas oublier de bien tasser la neige.

— Choisir les couches profondes (elles sont plus compactes).

— Un peu d'eau dans le fond du récipient accentuera la fonte.

— Ajouter la neige par petites quantités.

L'eau à partir de la glace

— La glace d'eau de mer peut être salée, surtout si elle est récente. Elle sera grise, laiteuse et très solide. Les angles de ses cassures seront aigus.

— La glace d'eau douce (ou d'eau de mer ayant gelé, dégelé et regelé à plusieurs reprises) sera bleuâtre et donnera des angles arrondis et polis aux cassures.

— Faire fondre la glace de la même façon que la neige.

N.B.: Si vous avez le choix faites fondre de la glace plutôt que de la neige, il vous faudra 2 fois moins de combustible pour obtenir le même volume d'eau.

Pour faire fondre de la glace et/ou de la neige sans combustion

— Si vous devez vous déplacer, mettez de la glace et/ou de la neige dans un bon sac de plastique ou un contenant sans isolation et placez-le sous vos vêtements. La chaleur de votre corps en mouvement la fera fondre.

— Déposez de la glace et/ou de la neige compacte dans le creux de vos mains et faites-la fondre en soufflant dessus.

La nappe phréatique

— Près d'un lac, de la mer ou d'un cours d'eau quelconque (même s'il est désaffecté), creusez jusqu'à ce que vous ayez atteint un niveau qui permettra à l'eau de s'infiltrer (nappe phréatique). Vous aurez alors un puits.

— Au bord de l'océan, à marée basse, de minces filets d'eau potable apparaissent au niveau de la nappe phréatique.

L'eau à partir de la rosée

— Créer une dépression en forme d'entonnoir dans le sol, déposer un contenant dans un trou central et étendre au-dessus une toile de survie perforée en plein centre (fig. 1).

— Traîner une serviette ou un autre tissu absorbant sur les plantes et le feuillage des arbres et arbustes; essorer.

L'eau à partir de la boue

— Étendre un linge absorbant, le laisser s'imbiber, essorer dans un contenant et laisser reposer.

L'eau à partir des animaux

— Vous pouvez boire le sang des animaux fraîchement tués. Chez les cervidés, récupérer les liquides de la panse en la pressant à l'aide d'un tissu absorbant.

— En mer, il est également possible d'extraire de l'eau en écrasant les poissons dans un linge. (De 1/8 à 1/4 de litre par kilogramme de poisson).

L'eau du sol

— Par un phénomène de capillarité, le sol renferme une impressionnante proportion d'eau. Il est possible d'extraire une partie de cette eau en creusant un trou d'environ un mètre cube, (1 m X 1 m X 1m) en déposant un récipient au centre, et en le couvrant d'une couverture de survie en plastique (ou préférablement une feuille de polythène transparent), à laquelle vous donnerez une forme d'entonnoir en déposant un poids au centre après avoir étanché et assujetti le pourtour avec de la terre (fig. 2).

Recueillir l'eau de pluie

— À l'aide d'une toile de survie suspendue par ses quatre coins et formant une pente permettant de recueillir l'eau de pluie dans un récipient placé à sa base.

— À l'aide de longs tissus comme par exemple des gazes avec lesquelles vous aurez «cravaté» des arbres et installé un récipient à leur base (fig. 3).

LE TRAITEMENT DE L'EAU POTABLE

Les virus et les bactéries véhiculés dans l'eau peuvent provoquer des malaises très sérieux. Si une eau vous semble douteuse, n'hésitez pas à la purifier, et cela, même en hiver.

L'EAU À PARTIR DE LA ROSÉE

fig. 1

L'EAU DU SOL

fig. 2

L'EAU DE PLUIE

fig. 3

MÉTHODES DE PURIFICATION

Le filtrage

— Le faire à travers plusieurs épaisseurs de tissu serré ou à travers du sable retenu dans un vêtement assujetti en forme de poche.

— On trouve dans les magasins spécialisés, des petits systèmes de filtration conçus spécialement pour usage en expédition, ils sont très efficaces et peu encombrants.

L'ébullition

Faire bouillir l'eau en vase clos pendant 10 minutes au moins (préférablement 20 minutes). Par la suite, l'agiter et si possible, y ajouter un peu de jus de citron, pour enlever une partie du goût fade qu'elle aura acquise lors de l'ébullition.

Eau de Javel

En mettre 3 à 5 gouttes par litre d'eau. Agiter et laisser reposer 30 minutes. Malheureusement, le goût sera désagréablement chloré.

Teinture d'iode

Mettre 5 gouttes de teinture d'iode 5 % par litre d'eau. Agiter et laisser reposer 30 minutes. *(Méthode que je conseille).*

Cristaux d'iode

Se procurer un petit flacon en plastique ou en verre d'environ 60 ml (2 onces) et y déposer 10 g (ou 5 g par 30 ml) d'iode en cristaux. Remplir le flacon avec de l'eau (même douteuse) et bien agiter pendant une minute avant chaque utilisation. Laisser reposer. Ajouter 2 ou 3 cuillerées à café (il est préférable de calibrer le bouchon en conséquence) de la solution (sans les cristaux) pour chaque litre d'eau à purifier. Laisser reposer 30 minutes avant de boire.

L'iode en cristaux est plus puissant que l'iode liquide pour détruire les micro-organismes et de plus, il est moins toxique. Son efficacité est remarquable. Malheureusement, il est très difficile de s'en procurer.

N.B. : Ces 5 ou 10 g pourront être réutilisés jusqu'à 1 000 fois.

Les comprimés de purification
(ex : l'Halazone)

Efficaces seulement à environ 80 %, se conservent tout au plus 5 à 7 mois et perdent très rapidement de leur pouvoir s'ils sont exposés à l'air libre et/ou au soleil. Peu recommandables.

N.B. : — Ces méthodes de filtrage et de purification ne PEUVENT rien contre la pollution chimique.

— L'eau traitée devra être conservée dans des contenants hermétiquement fermés et déposés, si possible, dans un endroit frais. Après quelques jours, dépendamment des conditions du milieu, il faudra peut-être refaire une purification.

CHAPITRE V

LA CHASSE ET LA PÊCHE

La chasse et la pêche sont des sujets vraiment inépuisables. Cela nécessiterait un volume d'au moins 500 à 600 pages pour en contourner toutes les facettes. Par conséquent, je me limiterai ici à l'essentiel.

LA CHASSE

Signes de présence animale

— *Les matières fécales:* permettent d'identifier le gibier, de déterminer si son passage est récent et même parfois de reconnaître les matières dont il se nourrit.
— *Les pistes:* permettent d'identifier le gibier, de déterminer sa direction, sa taille, si son passage est récent et même parfois son sexe (particulièrement chez l'orignal et le chevreuil).
— *La présence de terriers, de sentiers, de ravages, de lieux de nidification:* sont des signes évidents d'activités animales et des zones de prédilection pour le trappage.
— *Les lieux d'abreuvement et d'alimentation:* sont des endroits de prédilection pour la chasse, particulièrement les secteurs où se situent lacs et étangs; des rameaux fraîchement broutés et en grande quantité indiquent la présence d'un garde-manger; les coupes de bois récentes (surtout celles de faible superficie) attireront orignaux, chevreuils, lièvres et même les perdrix.

Règles générales pour maximiser les chances de succès à la chasse

1- Marcher lentement face au vent (ou avec le vent de côté) et sans faire de bruit tout en regardant autour de soi.
2- S'arrêter fréquemment pour écouter.

3- Se fondre dans le paysage en s'accroupissant dans les zones hautes et en scrutant bien les alentours avant de sortir à découvert.
4- Être constamment aux aguets.
5- Rester calme lorsque l'animal convoité est en vue; sans doute ignore-t-il que vous l'observez — se mettre doucement en position de tir et tâcher de l'abattre du premier coup.

LE PETIT GIBIER

Les écureuils, les lièvres, les perdrix et les oiseaux de toutes sortes sont très nombreux dans nos bois et se capturent assez facilement.

Les écureuils

Le plus commun est l'écureuil roux. Il habite les forêts de conifères et les forêts mixtes comprenant du pin blanc et de la pruche. On le retrouve aussi très fréquemment dans les érablières (dont il affectionne particulièrement les tubulures).

Au nord, il se nourrit surtout de cônes de conifères. Au sud, en plus des cônes, il savourera des glands, des noisettes, des faînes, des bourgeons, des fruits, des champignons, des larves et même des oeufs ou des jeunes oiseaux.

Il habite généralement des terriers ou des trous de piverts.

Il est actif toute l'année mais c'est surtout au début de l'automne qu'il amassera dans différentes caches, cônes et noix. En été, on le voit surtout le matin ou en fin d'après-midi, l'hiver on l'aperçoit vers midi lors de belles journées ensoleillées.

Outre ses pistes (en hiver), des amas de cônes déchiquetés sont un signe de sa présence.

Il se chasse bien au fusil (à la petite chevrotine), à la carabine de calibre .22 et à la fronde (si vous êtes très habile).

Des collets installés (fig. 1) sur une tige appuyée obliquement à un arbre, et entre lesquels seront déposés des graines et/ou des cônes (ou même du pain) assureront des prises. D'autres collets pourront également être installés aux sorties et entrées des caches et des terriers.

Une boîte de conserve ouverte en forme d'étoile (fig. 2), pointes repliées vers l'intérieur peut constituer un piège efficace. Il faudra en percer le fond pour permettre de le retenir à un arbre à l'aide d'une corde ou mieux d'une broche. Ne pas oublier d'installer un appât à l'intérieur de la boîte. Mais vu sa grande cruauté, *veuillez n'utiliser qu'en dernier recours.*

COLLETS À ÉCUREUIL
fig. 1

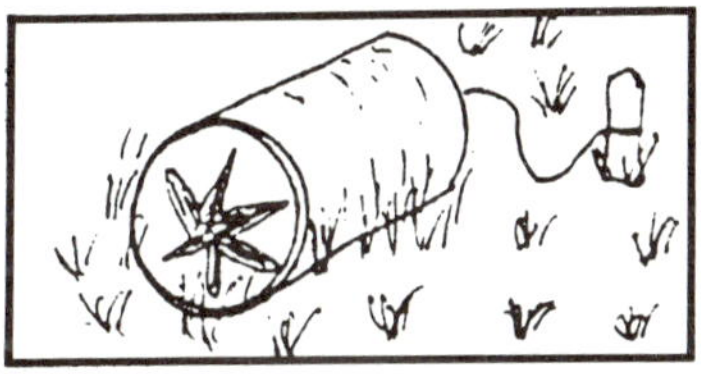

UN PIÈGE POUR DE
TRÈS PETITS GIBIERS
fig. 2

LE COLLET À LIÈVRE
fig. 3

Les lièvres

Le plus commun est le lièvre d'Amérique. En été, son pelage est brun grisâtre pour devenir (avec la diminution de la photopériode) blanc en hiver.

Il est très présent dans les bois de conifères partout où il y a une coupe de bois récente, des broussailles, des clairières et des cours d'eau.

En été, il se nourrit de plantes vertes, il broute les bourgeons et les petites branches (la coupe est nette et en biseau). Il ronge également l'écorce du cèdre, du sapin, de l'épinette, du tremble et du bouleau.

Il passe la majeure partie de la journée caché sous des branches basses ou des souches. Son territoire renferme un réseau de sentiers généralement bien définis qu'il utilisera à partir de la tombée de la nuit pour faire la navette entre ses aires de repos et ses lieux d'alimentation.

Lorsqu'il perçoit un danger, il reste immobile, il s'enfuira seulement en dernier recours.

Il se chasse bien au fusil (à la chevrotine # 6) et à la carabine de calibre .22. À la fronde, il faut utiliser des plombs et être très chanceux pour attraper une zone vitale.

Un petit conseil : lorsqu'un lièvre s'enfuit devant vous, lancez un cri ou un sifflement aigu, il s'immobilisera alors le temps qu'il faut pour l'abattre.

Il se trappe très facilement au collet puisqu'il a l'habitude de toujours utiliser les mêmes sentiers :

— Déterminer un bon endroit.

— Couper un petit conifère qui servira de support (ne jamais utiliser un support rigide, le lièvre cassera le collet s'il s'y prend en courant).

— Bloquer chaque côté du sentier de sorte qu'il soit obligé de passer à l'endroit déterminé.

— Pour les autres détails voir la fig. 3.

Si vous ne disposez pas de fil de laiton mais seulement d'une corde ou d'une lanière de cuir, il vous faudra alors fabriquer un collet enlevant, sinon le lièvre risque de le ronger et de s'enfuir. En été, il faut utiliser une tige très flexible comme ripousse (détails de construction fig. 4 et fig. 5). En hiver, il est préférable d'utiliser un contrepoids car le froid fait souvent perdre toute la flexibilité d'une ripousse.

Les perdrix (comprenant surtout la Gélinotte huppée et les Tétras des savanes)

La touffe de plumes (huppe) ornant la tête de la Gélinotte est la caractéristique la plus évidente permettant de la distinguer du Tétras des savanes.

La Gélinotte se retrouve généralement dans les couverts forestiers de trembles et de saules ou dans les forêts mixtes. — Le Tétras se retrouve dans les forêts de conifères.

La famille de la Gélinotte et du Tétras reste ensemble tout l'été pour ensuite se disperser à l'automne.

L'été et l'automne, la Gélinotte se nourrit de graines, de baies et de plantes vertes. L'hiver, elle se nourrira surtout des bourgeons du peuplier et du saule. — Le Tétras se nourrit au printemps et en été, d'insectes, de feuilles et de baies. En hiver, il mange presque exclusivement des aiguilles de conifères.

Le Tétras et la Gélinotte se chassent bien au fusil (chevrotine # 7 1/2), à la carabine de calibre .22 et même à la fronde.

Souvent, surtout vers la fin de la journée, ils iront se jucher dans les branches d'un arbre (préférablement un conifère) et se croiront à l'abri. Il est alors facile de couper une perche de la longueur nécessaire, d'y installer un collet de 6''de diamètre environ, et de tout simplement cueillir l'oiseau tel un fruit bien mûr.

L'hiver, lorsqu'il y a une bonne épaisseur de glace croûtée à la surface de la neige, faites un trou d'une profondeur de 30 à 40 cm avec votre poing, déposez des graines ou des baies autour et surtout dans le fond de ce trou. Lorsque la perdrix gourmande plongera pour prendre les graines, elle demeurera prisonnière.

Elle peut aussi être capturée à l'aide de collets disposés tel qu'indiqué à la fig. 6.

Les oiseaux aquatiques

Ils se chassent au fusil et se capturent selon les quelques méthodes qui suivent.

— *Aux collets flottants* (fig. 7): Un objet flottant (telle une cruche de plastique) camouflée avec des joncs ou des roseaux auxquels seront fixés trois collets.
— *À l'appât sous l'eau* (fig. 8): Un pieu enfoncé dans le sol sous l'eau, muni d'une corde avec hameçon et appât pouvant flotter entre deux eaux. L'oiseau saisissant l'appât se noie car il ne peut plus rejoindre la surface.

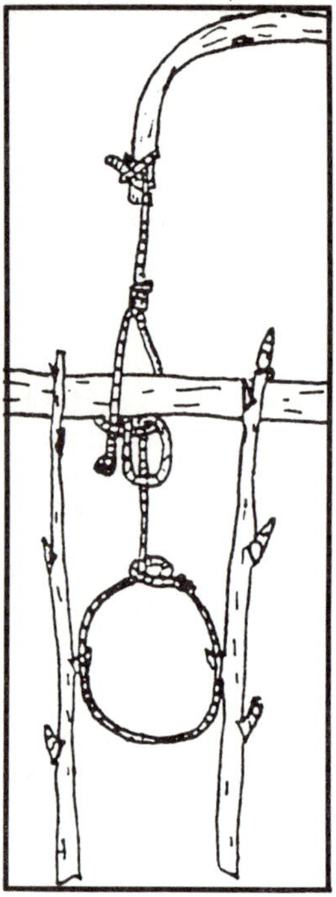

LA RIPOUSSE
fig. 4

UNE VARIANTE
fig. 5

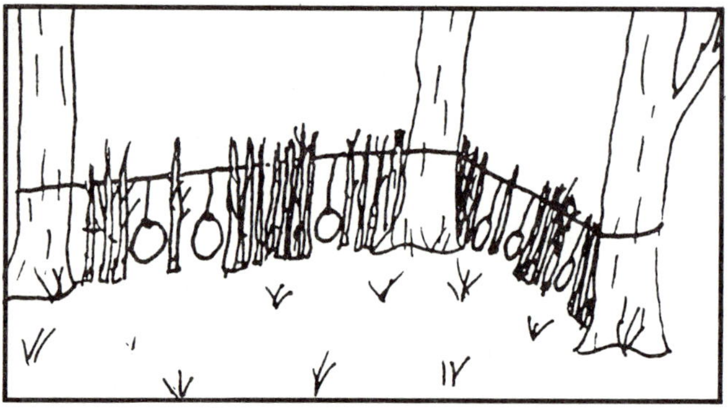

COLLETS À PERDRIX
fig. 6

PIÈGES POUR OISEAUX AQUATIQUES

COLLETS FLOTTANTS
fig. 7

L'APPÂT SOUS L'EAU
fig. 8

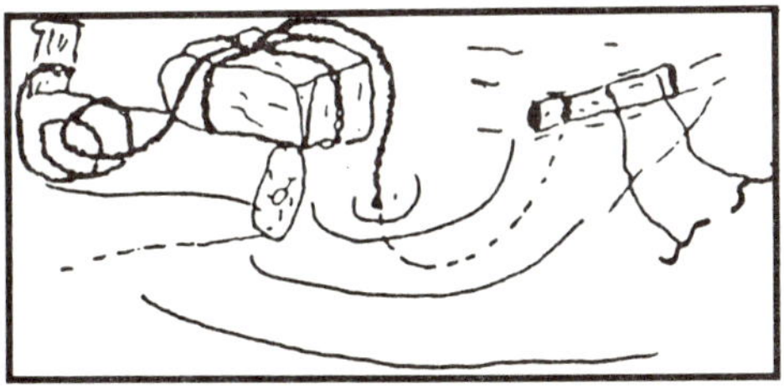

APPÂTS ATTACHÉS À UNE
ROCHE EN ÉQUILIBRE
fig. 9

— *Appât attaché à une roche en équilibre* (fig. 9): Une corde avec hameçon et appât flottant, attachée à une roche en équilibre. L'oiseau avalant la proie fait basculer la roche qui le noie.

Les petits oiseaux

Ils sont nombreux, curieux et généralement très faciles à attirer avec de la nourriture, on peut ainsi les capturer en utilisant les techniques suivantes.

— *Trappe à bascule, à commande manuelle* (fig. 10): On peut la fabriquer avec une boîte de carton, une glacière, une puise, un panier, etc. Étendre des graines ou des miettes de pain, autour et sous le contenant. Une corde suffisamment longue pour permettre au chasseur de se cacher est attachée à un déclencheur constitué d'un petit bout de bois. Et lorsque l'oiseau est rendu sous le contenant, il ne reste plus qu'à tirer sur la corde pour le capturer.

— *Trappe à bascule automatique* (fig. 11): Même principe que précédemment mais ne nécessite pas la présence d'un chasseur-guetteur puisque c'est l'oiseau qui déclenchera lui-même le mécanisme.

— *Pièges à hameçons* (fig. 12): À l'aide de vers de terre et de petits hameçons certains oiseaux peuvent être «pêchés».

LE GROS GIBIER

Nous ne verrons ici que le chevreuil et l'orignal.

Le chevreuil (Cerf de Virginie)

En été, il vit seul ou en petits groupes composés de quelques mâles ou de femelles avec leurs petits. Il fréquente les éclaircies des forêts feuillues et des forêts mixtes ainsi que les zones de coupes, les champs abandonnés et les vergers. Il se nourrit de nombreuses plantes herbacées, de feuillage et de pousses de l'année.

En hiver, lorsqu'il y a une forte épaisseur de neige, ils se regroupent dans les boisés offrant nourriture et couvert. Ils y broutent les bourgeons et brindilles du bouleau, de l'érable, du cornouiller et du tremble.

À l'intérieur de ces ravages, des sentiers reliant les sites de repos (forêts de conifères) et les aires d'alimentation sont tracés.

La période des amours a lieu entre le début d'octobre et la fin de novembre.

Les mâles perdent leurs bois en janvier ou février, ils repousseront à partir du mois d'avril.

Il est actif surtout à l'aube.

PIÈGES POUR PETITS OISEAUX

TRAPPE À BASCULE
À COMMANDE
MANUELLE
fig. 10

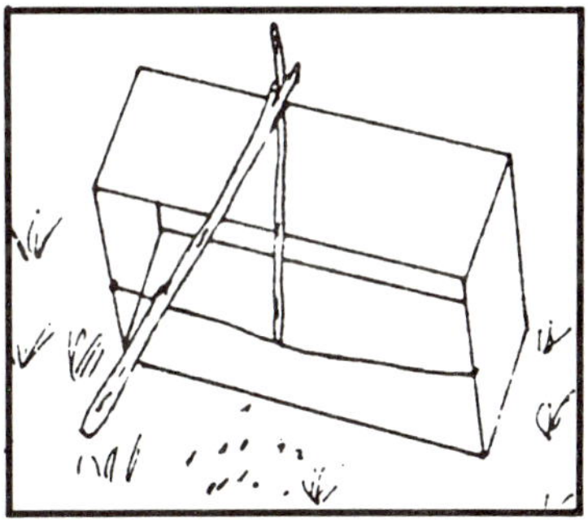

*TRAPPE À BASCULE
À COMMANDE
AUTOMATIQUE
fig. 11*

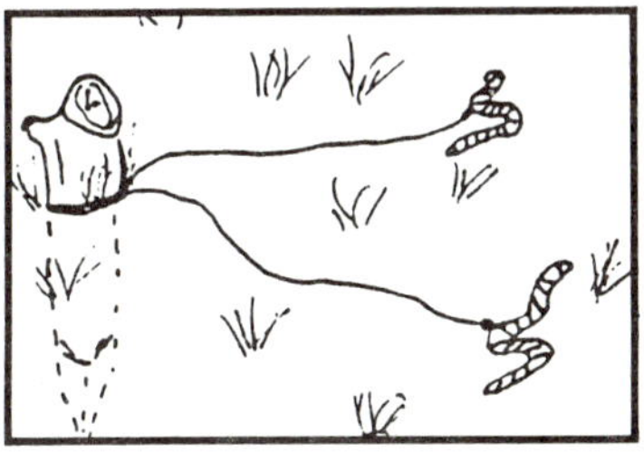

PIÈGES AVEC
HAMEÇONS APPÂTÉS
fig. 12

Il se chasse à la carabine de gros calibre (30-30, 303, 30-06, etc.).

Viser les zones vitales (voir la fig. 13).

Autres moyens de captures: N.B.: Ils sont illégaux et dangereux. À n'utiliser qu'en cas d'absolue nécessité.

— *Le collet:* (fig. 14). À utiliser dans les ravages. Le faire en utilisant un gros fil d'acier ou un câble. Il devra avoir un diamètre d'environ 60 cm et être placé à environ 45 cm du sol.
— Un collet enlevant à l'aide d'un contrepoids, semblable à celui que nous avons décrit pour le lièvre, aura l'avantage de tuer l'animal plus rapidement.

— *Le collet traînant:* Il faut creuser, sur un sentier bien fréquenté, un trou d'environ 15 cm de profondeur par un diamètre plus ou moins égal à la largeur du sentier. Déposer au-dessus un morceau de carton ou une toile épaisse dont le milieu sera découpé en X (d'environ 30 cm de diamètre) (fig. 15). Installer le collet sur le dessus et l'attacher solidement à une grosse bille. Recouvrir le tout d'une mince couche de feuilles et/ou de terre.
— Une variante consiste à installer un couvercle de baril (en métal) ouvert en étoile au lieu d'un collet. Très cruel.

L'orignal (Élan d'Amérique)

Il habite surtout les forêts mixtes comme la sapinière à bouleau blanc ou à bouleau jaune. Il affectionne particulièrement les marécages et les étangs mais il fréquente aussi les zones de coupes intensives et les brûlis.

En été, il vit seul et se nourrit de feuillage, de plantes herbacées et de plantes aquatiques.

En hiver, ils se rassemblent en groupes de 2 à 8 dans des secteurs boisés où la neige est moins épaisse. Durant cette période, ils occuperont un territoire de 5 à 10 km^2 et ils se nourriront principalement en broutant les branches, les ramilles et l'écorce des arbres, particulièrement le sapin baumier, le bouleau, le tremble et le saule.

La période des amours s'étend de la mi-septembre à la mi-octobre.

Les mâles perdent leurs bois entre décembre et février. Ils repousseront à partir du mois d'avril.

Il est actif surtout à l'aube et au crépuscule.

On le chasse à la carabine de gros calibre (303, 30-06, 308, etc.).

Viser les zones vitales (voir chevreuil fig. 13).

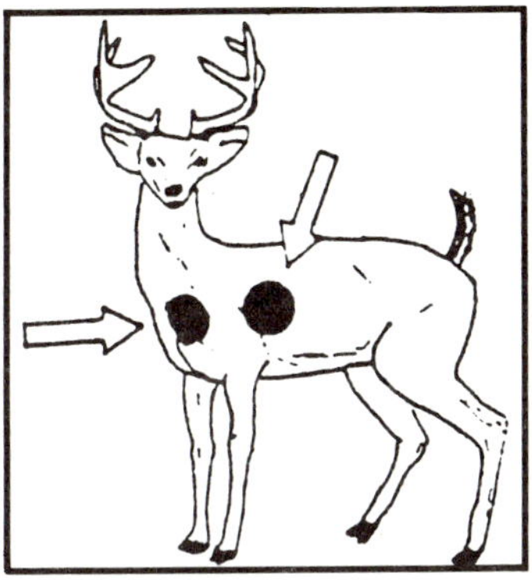

LES ZONES VITALES
fig. 13

LE COLLET À CHEVREUIL
fig. 14

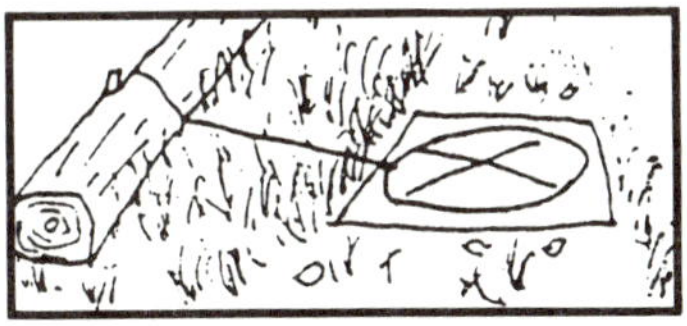

LE COLLET TRAÎNANT
fig. 15

Il peut également se capturer à l'aide d'un collet traînant ou de sa variante (voir chevreuil).

GROS GIBIER BLESSÉ

Lorsqu'un gros gibier est blessé par votre tir (la présence de taches de sang en sera la preuve) et qu'il réussit tout de même à s'enfuir, ne vous mettez pas immédiatement à sa poursuite. Attendez une demi-heure, ensuite suivez ses traces.

Un animal blessé ne se sentant pas poursuivi se couchera pour se laisser mourir après avoir couru quelque temps.

Lorsque le gibier est retrouvé, il devra rapidement être achevé s'il démontre encore quelques signes de vie.

Pour s'assurer que l'animal est bien mort, approchez-vous par derrière et touchez-lui les pattes postérieures à l'aide d'un bâton (et non avec la carabine).

ÉCORCHAGE ET ÉVISCÉRATION

Comment écorcher et éviscérer les petits gibiers

Les lièvres:

— Couper les pattes à la hauteur des chevilles ainsi que la tête.
— Prendre le lièvre par la peau du dos et y pratiquer une incision de façon à pouvoir y insérer les doigts. Enlever la peau en tirant de chaque côté.
— Inciser l'abdomen et éviscérer.

Les oiseaux:

— Enlever la peau et les plumes.
— Couper la tête, les ailes et les pattes (en bas des cuisses).
— Faire une incision allant du bas de la poitrine jusqu'à l'anus et retirer les viscères à l'aide des doigts. Pour une perdrix, découper transversalement la partie inférieure de l'abdomen.

Bien entendu, le foie, le coeur et les rognons sont comestibles.

Comment éviscérer le gros gibier

Que ce soit un chevreuil, un orignal ou un caribou, les mêmes étapes sont à suivre:

1- Saigner l'animal en tranchant une jugulaire (pas vraiment nécessaire si l'animal a été abattu à l'aide d'une carabine ou d'un arc).
2- Mettre l'animal sur le dos.
3- Couper le contour de l'anus (fig. 16) et ficeler le bout du tube digestif pour éviter que les excréments se répandent.
4- Enlever les organes génitaux (scrotum et pénis chez le mâle; mamelle chez la femelle) et ficeler le conduit urinaire (fig. 17).

L'ÉVISCÉRATION DU GROS GIBIER

COUPER LE CONTOUR DE L'ANUS
fig. 16

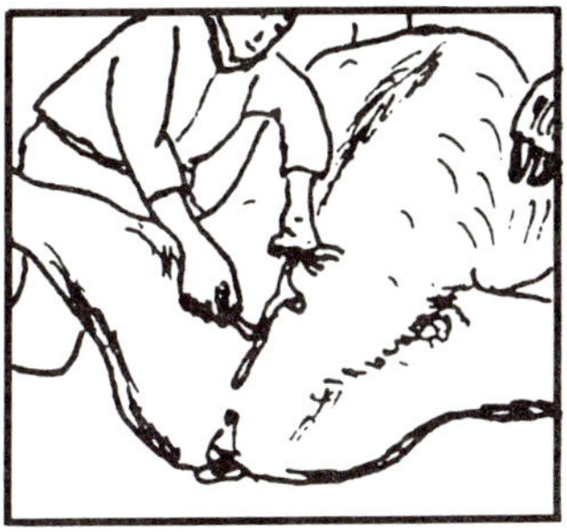

ENLEVER LES ORGANES GÉNITAUX
fig. 17

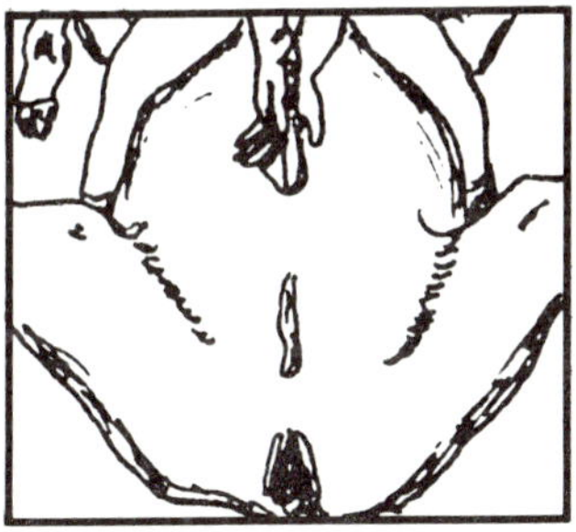

COUPER LA PEAU DU VENTRE
fig. 18

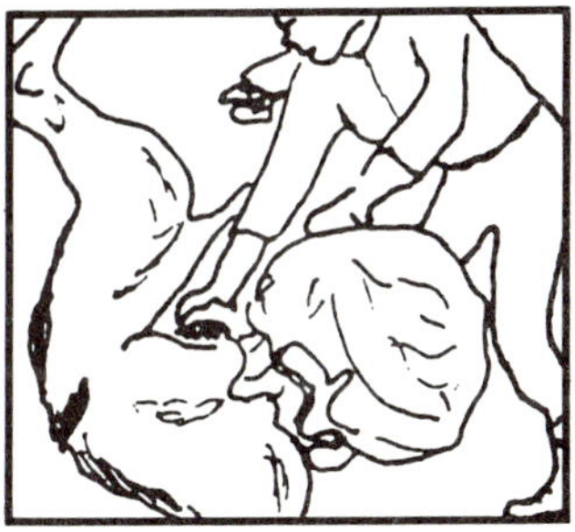

ENLEVER LA PANSE ET LES INTESTINS
fig. 19

COUPER LES OS DU BASSIN ET DE LA CAGE THORACIQUE; PLACER UN BOUT DE BOIS POUR ÉVITER QUE LA VIANDE NE CHAUFFE
fig. 20

5- Couper la peau du ventre (à partir du sternum) en prenant soin de ne pas percer les intestins (fig. 18).
6- Mettre l'animal sur le côté. Enlever la panse et les intestins (fig. 19). Enlever et mettre de côté le foie et les rognons (une fois refroidis, les envelopper dans du coton à fromage).
7- Couper la membrane (le diaphragme) qui ferme l'entrée de la cage thoracique et enlever poumons, coeur et oesophage. (Envelopper le coeur dans du coton à fromage).
8- Couper à l'aide de la scie, la cage thoracique et les os fermant le bassin. Si l'animal ne doit pas être transporté ou coupé en quartiers immédiatement, placer des bouts de bois en travers de la paroi abdominale pour éviter que la viande ne chauffe (fig. 20).

La découpe en quartiers

Habituellement un chevreuil sera transporté d'une seule pièce mais dans le cas d'un orignal (ou d'un gros caribou), il sera généralement nécessaire de le découper en 5 quartiers: 2 quartiers avant, 2 quartiers arrière et la tête.

1- Couper la chair à la base du cou (fig. 21), disjoindre une vertèbre (ou la couper à la scie) et trancher le reste de la chair. Après le transport, si vous voulez conserver la tête en guise de trophée, la peau devra être incisée jusqu'au centre de la gorge et il faudra alors la dégager avec précaution de la masse de chair contenue dans le cou (celle-ci sera conservée pour faire de la viande hachée).
2- Couper la chair entre la deuxième et la troisième côte du bas (fig. 22), ensuite utiliser une scie pour couper la colonne vertébrale, séparant ainsi l'avant de l'arrière (fig. 23).
3- Séparer longitudinalement les parties avant et arrière en sciant le milieu de la colonne vertébrale (fig. 24).
4- Couper les pattes au niveau des jointures.
5- Ne pas enlever la peau.

Pour conserver les viandes

Les envelopper dans du coton à fromage (si possible) et les suspendre dans un endroit aéré et frais.

Lors du transport, ne pas empiler (si possible) et ne pas mettre dans des sacs de plastique.

LA PÊCHE

Parmi les nombreux poissons qui peuplent nos cours d'eau, nous ne verrons ici que les espèces les plus courantes et nous étudierons quelques moyens et techniques pratiques relatifs à la pêche.

LA DÉCOUPE EN QUARTIERS

COUPER LA CHAIR
À LA BASE
DU COU
fig. 21

COUPER LA CHAIR
ENTRE
LA 2e ET LA 3e
CÔTE DU BAS
fig. 22

SÉPARER LES PARTIES
AVANT ET ARRIÈRE
fig. 23

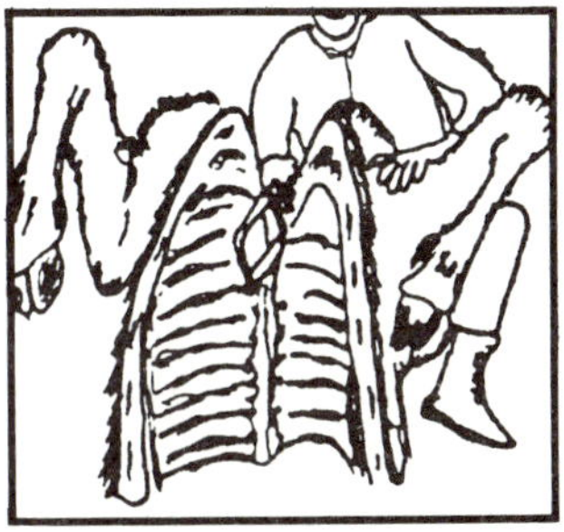

SÉPARER
LONGITUDINALEMENT
fig. 24

La truite mouchetée (fig. 25)

Cette espèce indigène n'est pas une truite mais un omble (Omble de fontaine). Sa nourriture détermine la couleur de ses chairs et son milieu de vie définit les couleurs de sa robe.

Il est à noter qu'elle ne fréquente que les eaux pures et bien oxygénées. En juillet et en août lorsque l'eau est chaude, elle évolue à une profondeur de 5 à 10 mètres.

L'omble se pêche à la mouche artificielle, au lancer léger et à l'appât naturel et vivant (tels les: vers de terre, menés, insectes comme les sauterelles et criquets, etc.).

La truite grise (Touladi) (fig. 26)

Cette autre espèce indigène n'est pas non plus une truite mais un omble (Omble gris). Elle s'identifie facilement grâce à sa queue fourchue et à ses reflets métalliques. Selon l'habitat, son dos est noir, vert ou brun foncé; son ventre est jaune ou orangé; ses mouchetures sont plus ou moins foncées. On la retrouve dans la plupart des lacs des Laurentides.

Elle se capture à la mouche ou au lancer léger au printemps aussitôt la glace disparue; en été, généralement à la traîne, en profondeur, à l'aide d'une ligne plombée.

Pour la grosse grise, l'attraper avec un «jigg» constitué d'un gros hameçon et d'une grosse touffe de poils de mammifère (longue d'environ 8 cm). — Ne pas plomber. — Laisser descendre le «jigg» jusqu'au fond et donner un coup de canne en l'air pour que le «jigg» soit soulevé de 2 à 3 mètres. — Laisser redescendre et recommencer.

Le maskinongé et les brochets

Le maskinongé (fig. 27) est de la même famille que le brochet mais sa taille dépasse celle de ses cousins (en général il mesure entre 70 et 120 cm pour un poids variant de 2 à 15 kg).

Les brochets sont plus petits que le maskinongé et nous en retrouvons principalement deux variétés au Québec: le grand brochet du Nord (fig. 28) et le brochet maillé (fig. 29).

Brochets et maskinongés portent, avec raison, le surnom de «requins d'eau douce» car ce sont de voraces prédateurs. Ce poisson d'affût attend en embuscade qu'une proie se présente, il la happe de côté et dans un mouvement vif, puis nage avec elle quelques instants avant de l'avaler. Pour cette raison, si vous croyez que c'est un brochet qui mord à votre ligne, attendez quelques instants avant de ferrer.

Les meilleurs endroits pour pêcher maskinongés et brochets sont les hauts fonds herbeux.

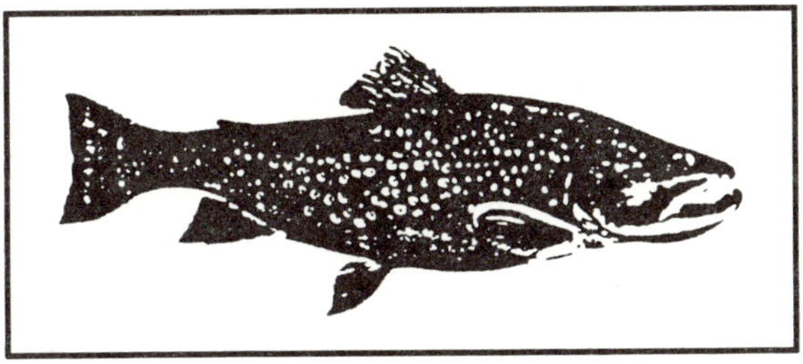

LA TRUITE MOUCHETÉE
fig. 25

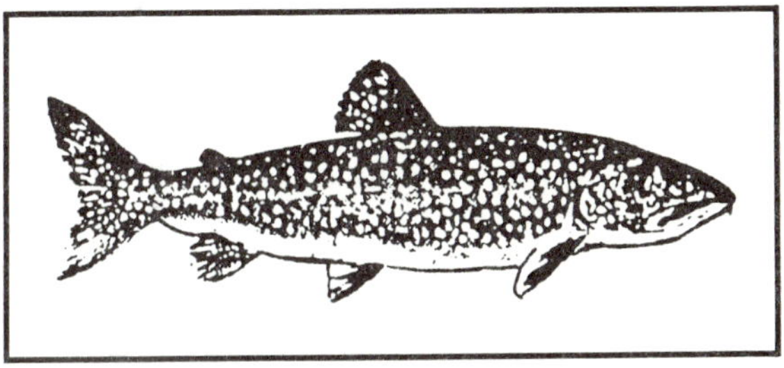

LA TRUITE GRISE
fig. 26

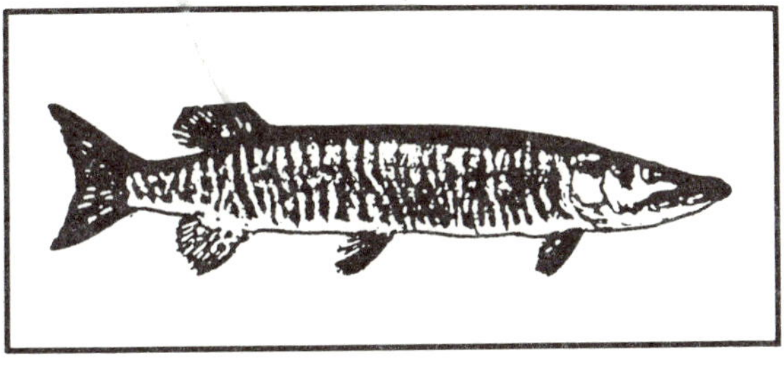

LE MASKINONGÉ
fig. 27

Le Daredevil (cuillère blanche et rouge), le Rapala et les appâts vivants tels les vairons constituent les leurres les plus couramment utilisés.

Le doré (fig. 30)

Le doré est un poisson prédateur merveilleux qui contrairement au brochet cohabite avec d'autres espèces (même la truite mouchetée). Sa taille moyenne est d'environ une quarantaine de centimètres pour un poids approximatif d'un kilo et demi. Ses écailles sont jaunes. Il se caractérise par ses énormes yeux vitreux et mornes ; des yeux faits pour les eaux sombres.

Il mord à presque n'importe quoi. Au printemps, il se retrouve dans 3 à 5 mètres d'eau près des frayères. L'été c'est dans 10, 15 ou 20 mètres d'eau qu'il faut tenter sa chance. Si «ça mord» vous n'attraperez pas «un» doré mais «des» dorés car ils se tiennent en groupes qui, règle générale, se composent d'individus qui ont à peu près le même âge et la même taille.

L'achigan à petite bouche (fig. 31)

Toute proportion gardée, il est le plus combatif et le plus fort des poissons d'eau douce du Québec. D'ailleurs «*achigan*» vient du mot algonquin «atchi-gane», qui signifie : «Celui qui combat.»

L'achigan à petite bouche est plus petit que son cousin des «États» (que l'on ne retrouve pas ici). Il mesure en moyenne 30 cm et pèse un peu moins d'un kilo.

On le retrouve surtout dans les lacs et les rivières du sud de la province.

Il fraie vers la mi-juin sur un fond pierreux près de la rive. Quinze jours après, les petits sont nés. Lorsqu'ils seront suffisamment grands, ils gagneront les herbiers où vivent les menés.

L'achigan se laisse attraper avec différents leurres artificiels tels Daredevil, Rapalas, mouches, etc. Il mordra à des appâts naturels tels souris, grenouilles, écrevisses ou vers de terre. Il y a cependant un problème, son humeur est changeante. Une journée, il ne mordra qu'à un type d'appât ; une autre journée, à un type différent et ainsi de suite. Caprice de la nature ?

Appâts naturels

Voici quelques-uns des appâts naturels les plus couramment utilisés.

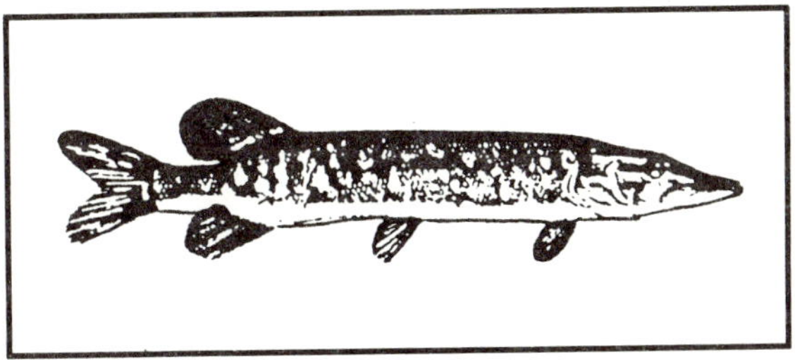

LE GRAND BROCHET DU NORD

fig. 28

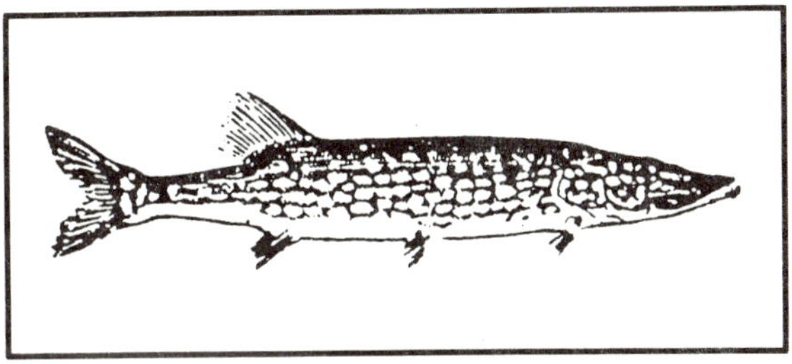

LE BROCHET MAILLÉ

fig. 29

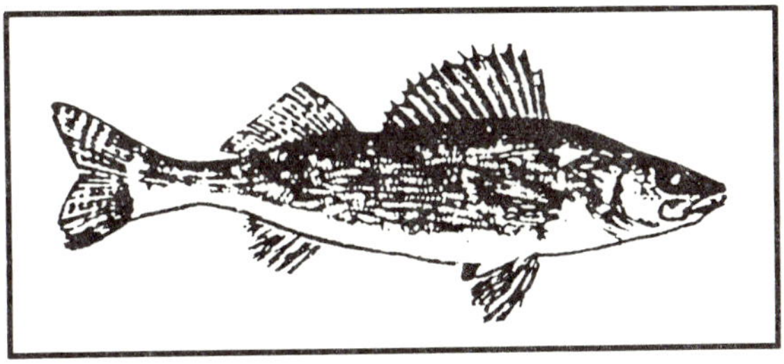

LE DORÉ

fig. 30

— Insectes aquatiques (excellent)
— Vers de terre (excellent)
— Vairons (ou menés); faire pénétrer l'hameçon sur le dos dans la partie sombre sous la dorsale
— Oeil de poisson (excellent)
— Intestin de poisson (excellent)
— Insectes de terre
— Morceaux de viandes (préférablement du foie)

Appâts artificiels (et improvisés)

Deux cuillères-leurres peuvent être fabriquées à partir d'une cuillère à café et elles sont d'une efficacité surprenante (fig. 32). Il est possible d'improviser d'autres appâts artificiels à partir de:

— chiffons de couleur vive
— plumes
— poils de mammifères
— cannettes de boissons (y tailler des cuillères; d'ailleurs la cannette rouge et blanche de Coca-Cola donne des cuillères genre «Daredevil» très efficaces).
— etc.

Hameçons et pesées improvisés

Les hameçons peuvent être fabriqués à partir d'une épingle de sûreté (fig. 33a), d'une épine de cenellier (fig. 33b), d'un bout de bois dur ou d'un os d'animal (fig. 33c), d'un canif (fig. 33d), d'un clou ou d'un bout de métal tel l'ardillon d'une boucle de ceinture.

Bien entendu, la taille de l'hameçon devrait être proportionnelle à la taille du poisson convoité.

Les pesées conventionnelles peuvent être remplacées par des boulons, écrous, pierres dans une pochette de tissu, etc. D'ailleurs, il est facile de confectionner soi-même ses pesées: utiliser une pomme de terre, tailler une ou plusieurs cavités représentant le moule de la pesée, y placer un bout de gros fil de laiton torsadé en conséquence et y couler du plomb fondu.

La pêche sous la glace

Percer dans la glace, un ou plusieurs trous d'environ 30 cm de diamètre. Mettre un gros plomb au bout d'un fil de ligne à pêche. À une trentaine de centimètres de la pesée, attacher à cette ligne, un fil d'une trentaine de centimètres muni d'un hameçon et y en attacher un autre, 30 cm plus haut. Le plomb devra toucher le fond et les hameçons seront appâtés (si possible) à l'aide de menés vivants.

L'ACHIGAN
fig. 31

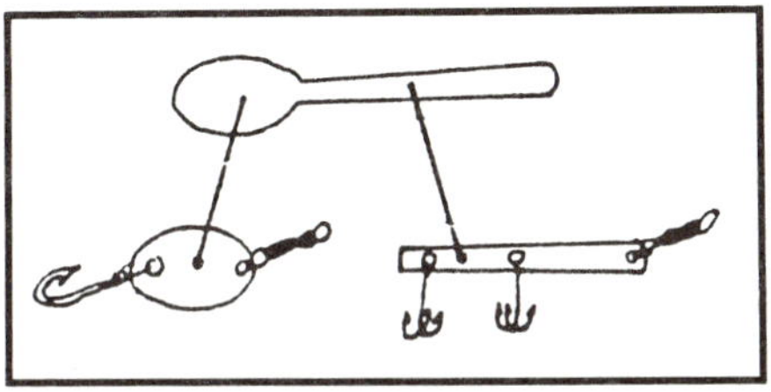

CUILLÈRES-LEURRES À PARTIR
D'UNE CUILLÈRE À CAFÉ
fig. 32

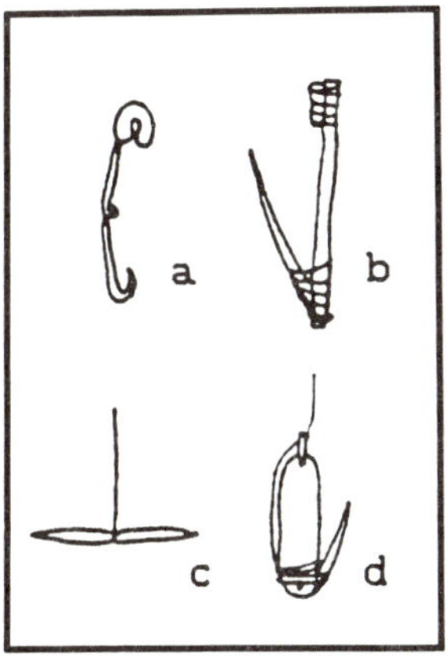

HAMEÇONS
IMPROVISÉS
fig. 33

Il est préférable d'installer cette ligne sur un petit dispositif à bascule nommé «brinbale». Il sera alors possible d'installer plusieurs de ces dispositifs et de les surveiller à partir d'un abri.

Comment prélever des filets

C'est une perchaude qui a servi ici d'exemple dans les photos de démonstration et le fileteur est gaucher.

N.B. : Le filetage se fera plus facilement si le poisson n'est pas éviscéré et si on utilise un couteau mince, étroit et bien tranchant.

Façon de procéder:

1- Couper la nageoire dorsale (pho. 1).
2- Inciser la chair et la peau en arrière des fentes branchiales et des nageoires pectorales (pho. 2).
3- Pratiquer une incision sur toute la longueur du dos, et de chaque côté de la colonne vertébrale (pho. 3).
4- Faire pénétrer le couteau en partant du début de l'incision et trancher en longeant la colonne vertébrale et les arêtes (pho. 4 et pho. 5). Répéter de l'autre côté.
5- Dégager les filets (pho. 6 et pho. 7).
6- Enlever la peau (pho. 8).
7- Deux filets parfaits sont ainsi prélevés (pho. 9). [Les filets à droite, la peau à gauche et les restes du poisson au centre (pho. 10)].

La conservation du poisson

Contrairement à la viande, la chair du poisson ne s'améliore pas en vieillissant. Le poisson frais est par conséquent un aliment très fragile et il est utile d'en connaître certaines règles de conservation. Bien sûr, plus vite il sera consommé après sa capture, meilleur il sera.

Ce qu'il faut faire pour la conservation du poisson:

— Ne jamais mettre un poisson MORT dans l'eau.
— Si le poisson est éviscéré, il ne faut pas le laver (mais seulement l'essuyer avec un linge sec, une serviette de papier ou de la mousse).
— Le poisson ne devrait jamais être placé dans un sac ou un contenant de plastique n'ayant pas de glace. D'ailleurs, il est préférable qu'il ne baigne pas dans l'eau de fonte non plus.
— Déposer le poisson sur la glace, dans une glacière.
— S'il n'y a pas de glace, placer les poissons enfouis dans de la mousse fraîche ou des linges humides à l'intérieur d'un panier ou d'une gibecière. *N.B. :* les poissons ne doivent jamais être empilés peau contre peau.

COMMENT PRÉLEVER DES FILETS

pho. 1

COUPER LA NAGEOIRE DORSALE

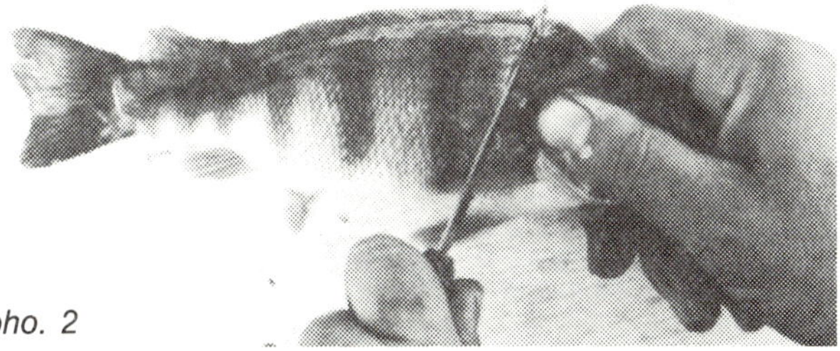

pho. 2

INCISER LA CHAIR DERRIÈRE LES BRANCHIES

COMMENT PRÉLEVER DES FILETS

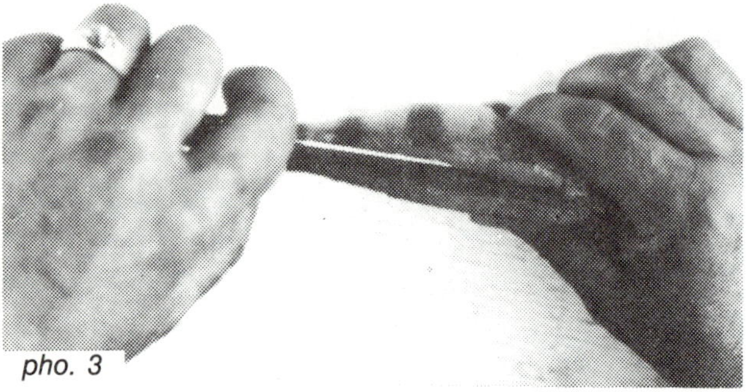

pho. 3

INCISER SUR TOUTE LA LONGUEUR DU DOS

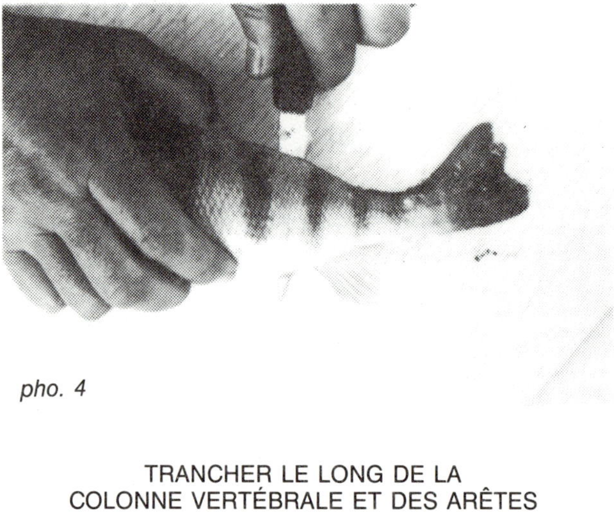

pho. 4

TRANCHER LE LONG DE LA
COLONNE VERTÉBRALE ET DES ARÊTES

COMMENT PRÉLEVER DES FILETS

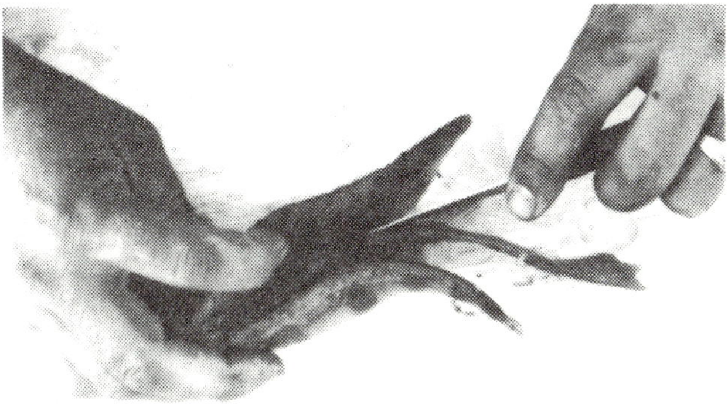

pho. 5

TRANCHER LE LONG DE LA
COLONNE VERTÉBRALE ET DES ARÊTES

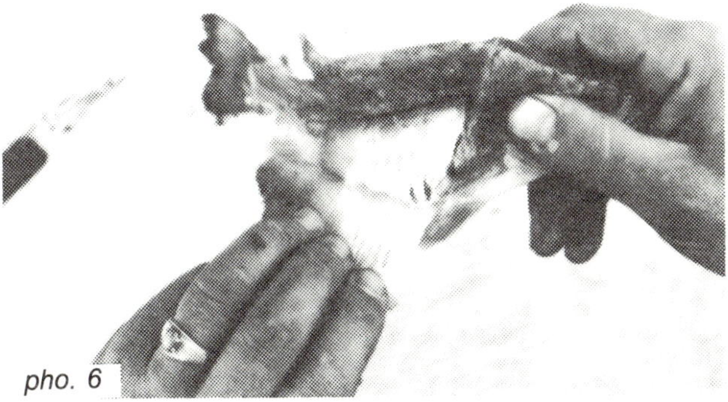

pho. 6

DÉGAGER LES FILETS

COMMENT PRÉLEVER DES FILETS

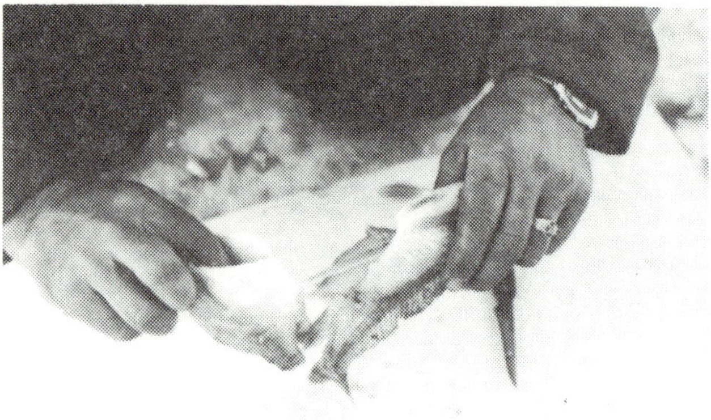

pho. 7

DÉGAGER LES FILETS

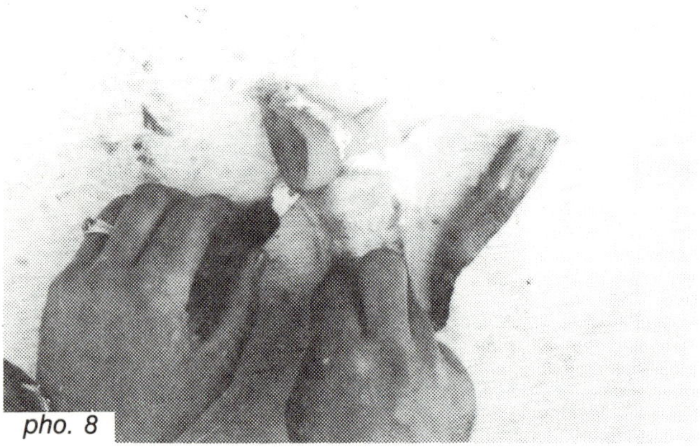

pho. 8

ENLEVER LA PEAU

COMMENT PRÉLEVER DES FILETS

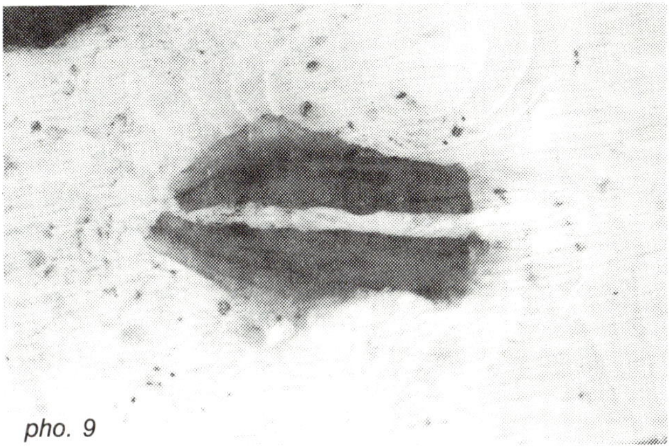

pho. 9

LES FILETS

pho. 10

LES FILETS, LA PEAU ET LES RESTES

— S'il n'y a pas de glace ou de mousse disponibles, les laisser à l'air libre, même au soleil. La méthode que plusieurs utilisent à la pêche à la truite de ruisseau et qui consiste à enfiler et transporter les truites sur une branche, est excellente. Au contact de l'air, le mucus recouvrant le poisson se dessèche et devient imperméable à la pénétration de bactéries dans la chair.

— L'idéal serait de le faire congeler immédiatement. Rendu à la maison, il sera dégelé, fileté ou éviscéré, lavé et congelé (à nouveau) dans des emballages protégeant de la brûlure du froid. Du poisson de qualité se conserve de 6 mois à un an.

— Le poisson qui commence à se détériorer ne devrait pas être congelé. La congélation ne l'améliorera pas. Un poisson devrait être congelé dans les 24 heures suivant sa capture. Pour déterminer la fraîcheur d'un poisson apte à être congelé, voici quelques indices: branchies rouge vif, yeux brillants non enfoncés, écailles difficiles à soulever et chair ferme et élastique.

N.B.: Dans le cas de poisson piscivore (ou carnivore) tel le brochet ou le doré, il est préférable de l'éviscérer immédiatement après la capture.

CHAPITRE VI

LES SIGNAUX DE DÉTRESSE

Ils sont nombreux et il faut toujours se rappeler que leur utilisation sans motif valable est interdite par les autorités et passible d'amendes.

Quoi qu'il en soit, perdu en forêt, il faut se servir de tout ce qu'il est possible d'utiliser pour faire des signaux.

LA FUMÉE ET LE FEU

La fumée servira le jour, et le feu étincelant, la nuit. Un ou plusieurs groupes de trois feux espacés d'une trentaine de mètres est un signal international de détresse.

Quelques conseils

— Installer les feux en terrain découvert et de façon à ce qu'ils ne se propagent pas au milieu environnant. Sur un lac, ils seront particulièrement efficaces (les installer sur des petits radeaux).
— Ils doivent toujours être prêts à s'allumer très rapidement. Par conséquent, ils devront être protégés des intempéries et situés suffisamment près de l'abri pour qu'au moindre vrombissement d'un avion, il vous soit facile de les atteindre.
— Lorsque c'est possible, les feux seront disposés en triangle. Mais le long des ravins ou d'un cours d'eau, il vaudrait mieux les placer en lignes. *N.B.:* La distance recommandée entre chacun des feux est d'environ 30 mètres.
— Toujours conserver une bonne quantité de combustible à portée de la main (bois sec pour le brasier; branchage vert, mousse et herbe pour la fumée).
— Si vous êtes seul, ne faites pas brûler les feux en permanence. Vous dépenseriez trop d'énergie inutilement. Allumez-les une fois dans la journée et une fois la nuit pour maximiser les chances d'attirer l'attention. Il est prudent d'avoir une autre

série de trois bases de feux, alors si vous entendez un avion il vous sera possible de: soit réactiver les premiers, soit d'allumer les deuxièmes.

L'arbre-torche

Technique efficace mais très dangereuse pour la propagation d'un feu de forêt. Il faudra choisir un conifère au feuillage dense et sec qui sera très éloigné des autres arbres. Vous ne l'allumerez que lorsque vous verrez un avion et seulement s'il vente peu. Bien sûr, en période humide et en hiver ces précautions ne s'imposent pas.

— En hiver, il faut faire tomber le maximum de neige et de glace qui recouvrent l'arbre.
— Dans les branches du bas, en utilisant des écorces et des petites branches bien sèches, il faudra préparer un genre de nid inflammable.
— Au pied de l'arbre, préparer la base d'un grand feu.
— Protéger les matériaux d'allumage de façon à les conserver très secs.
— Allumer l'arbre-torche seulement si une présence aérienne se manifeste.

LES SIGNAUX SOL-AIR

Bien faits, ils sont efficaces. La liste des signaux figure à la page suivante. Un «*S.O.S.*» bien tracé sera généralement le signe à utiliser. *N.B.:* Chaque signe doit avoir une dimension d'au moins 12 mètres et il faut toujours leur donner du relief pour accentuer les jeux d'ombres.

— En hiver, tracer les signaux en piétinant sur la neige d'un lac et obtenez des jeux d'ombres en plantant des branches sur tout le pourtour. S'il n'y a pas de végétation, faire les jeux d'ombres en creusant et en déposant la neige sur un côté ou en découpant des blocs pour créer un mur.
— En été, faire les signaux à l'aide de pierres, de bois mort, de branches, d'écorce, etc., mais en prenant toujours soin de créer des contrastes.

LES SIGNAUX SONORES

Tous les chasseurs connaissent le classique «trois coups de feu» tiré à intervalles réguliers (10 minutes) ayant comme réponse, si entendu (et compris), deux coups de feu. Bien sûr, cette technique n'est utilisable que si vous croyez qu'il y a quelqu'un dans les environs, sinon il est idiot de gaspiller les cartouches.

SIGNAUX SOL-AIR

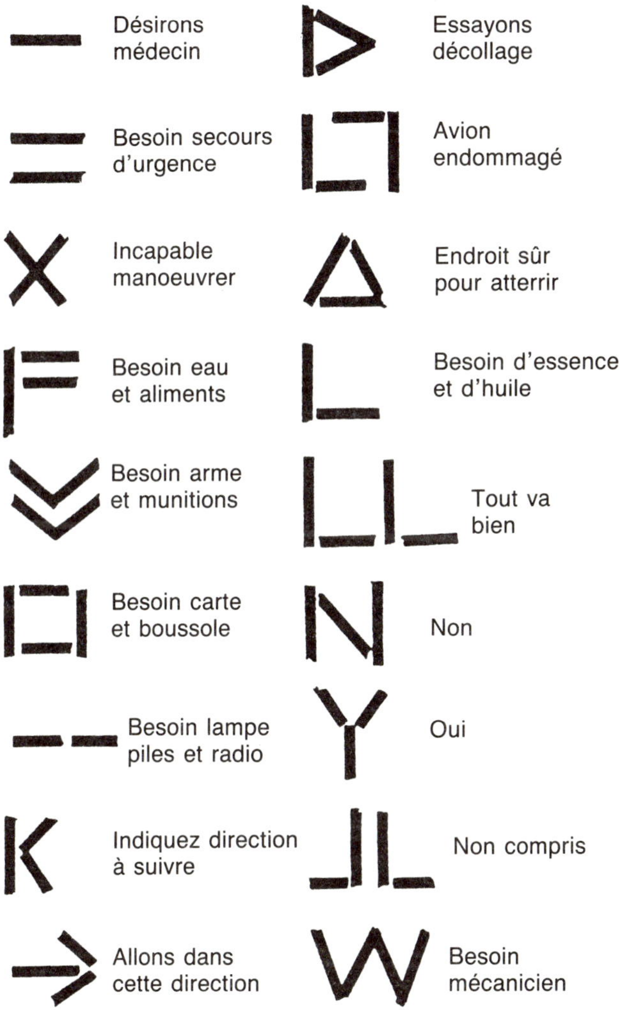

Crier et siffler est connu de tous mais le son d'un klaxon, d'un sifflet ou d'une corne au gaz possède une puissance de diffusion à ne pas sous-estimer.

LES SIGNAUX LUMINEUX

Un miroir héliographe (ou un miroir ordinaire ou une boîte de conserve), une lampe de poche, un fanal, les phares d'un véhicule motorisé, une lampe stroboscopique, une lanterne chimique et même une chandelle sont des moyens très efficaces pour signaler sa présence.

Le miroir héliographe

Ce miroir de signalisation est vendu dans le commerce et devrait faire partie d'une bonne trousse de survie. Un mode d'emploi explique son utilisation qui peut varier d'un modèle à un autre.

Mais une boîte de conserve (le modèle «boîte de sardines» est le plus pratique) dont l'extérieur et l'intérieur sont suffisamment réfléchissants, pourra au besoin servir de miroir.

Utilisation:

— Perforer le centre du fond de la boîte à l'aide d'un poinçon ou d'un clou.
— Tenir la boîte à la hauteur des yeux.
— La tache lumineuse claire que fait le rayon de soleil passant par le trou et frappant le visage doit être réfléchie et vue dans le fond de la boîte de conserve.
— Il s'agit maintenant de chercher à voir l'avion à travers le trou et de modifier l'angle du miroir de manière à faire disparaître le reflet de la tache lumineuse dans le trou du miroir. Il ne reste plus qu'à bouger légèrement la boîte de conserve pour rendre les signaux intermittents. Et pourquoi ne pas envoyer un *S.O.S.* en langage *Morse* ([... ___ ...] = trois courts, trois longs et trois courts [continus])?

La lanterne chimique

Communément appelé «Cyalume», ce petit gadget est composé d'un tube de plastique de la grosseur d'un crayon feutre, à l'intérieur duquel se trouvent deux substances chimiques. En pliant le tube jusqu'à ce qu'il émette un craquement, les deux substances se rejoignent pour produire une réaction chimique dégageant une lumière verte (ou d'une autre couleur) assez intense pour permettre la lecture ou faciliter un travail quelconque.

Il ne dégage pas de chaleur et fonctionne plusieurs heures sous toutes les températures. L'attacher au bout d'une corde et le faire tourner autour de sa tête permet d'être vu de très loin (mais seulement durant une nuit claire). De plus, utilisé sous l'eau, il attirera les poissons. Malheureusement, une fois allumé, il est impossible de l'éteindre et ne peut être réutilisé.

La lampe stroboscopique

Cette petite lampe peu encombrante tient dans la main et est alimentée par une pile au mercure pouvant assurer environ neuf heures de travail continu. L'éclair de cette lampe est tellement puissant qu'il est visible de très loin (même par un temps brumeux).

Les autres

La lampe de poche, le fanal, les phares d'un véhicule motorisé et une chandelle (à l'aide d'un miroir) pourront être efficaces pour faire des signaux de nuit (un S.O.S. en morse).

LES ENGINS PYROTECHNIQUES

Différents types de fusées et lance-fusées se retrouvent dans le commerce. Seules les fusées *rouges* sont reconnues universellement comme signal de détresse.

Pistolet lance-fusées

Lourd et encombrant, mais on le retrouve tout de même dans la plupart des trousses de survie des avions et des bateaux.

Lance-fusées de type «stylo»

Il existe différents modèles de petits lance-fusées ayant à peu près la taille d'un stylo. Ils sont constitués d'un poinçon armé d'un ressort qui sera actionné à l'aide du pouce pour frapper le détonateur d'une petite fusée qui aura été préalablement vissée au bout.

Ils peuvent être utilisés de jour et de nuit (mais la nuit la diffusion lumineuse est au moins dix fois plus grande). Il existe de nombreux modèles de ce type de lance-fusées mais quel que soit votre choix, les fusées devraient toujours être dans un étui parfaitement étanche.

Si vous faites beaucoup de bateau, ajoutez à votre gilet de sauvetage, un «kit de signalisation» comprenant: lance-fusées, quelques fusées (rouges) et *quelques générateurs de FUMÉE ORANGE* (plus efficaces dans le jour que les fusées).

Fusées pour arme à feu

Il existe sur le marché des fusées de signalisation pour différents calibres de fusils et carabines.

Fusée du type «chemin de fer»

Vous devriez en avoir toujours, au moins trois dans votre véhicule. Elles sont auto-allumantes et brûlent de 10 à 15 minutes. Avantageuses dans une auto ou camion s'il y a un accident de la route, mais trop encombrantes et trop sensibles à l'humidité pour être apportées dans un sac à dos ou dans une embarcation.

SIGNAUX PAR RADIO

En bateau, en avion ou dans d'autres genres de véhicule, il est prudent de demander au pilote de vous expliquer comment fonctionne la radio et comment envoyer un signal de détresse.

En avion

Tous les avions au Canada doivent posséder un émetteur de repérage de secours fixé à l'appareil et qui se met à fonctionner automatiquement sous l'effet de la décélération lors d'un écrasement. Il peut également être commandé manuellement ou même à partir de la cabine de l'avion. On peut lui ajouter une antenne et le rendre portatif.

La fréquence radio de détresse est 121,5 mHz.

En bateau

En détresse, sur un navire ou une embarcation de plaisance munie d'une radio, utiliser:

— Sur VHF, le canal 16 à 156,8 mHz et prononcer *MAYDAY, MAYDAY, MAYDAY...* ou sur 500 kHz émettre un S.O.S. en morse (... ___ ...). Toujours indiquer sa position.

Il est préférable d'émettre ces signaux pendant la période internationale de silence de trois minutes qui débute quinze minutes avant l'heure et quinze minutes après l'heure *(heure de Greenwich).*

Autres signaux par radio

Ceux qui ont des C.B. (Citizen Band) devront utiliser le canal 9 (ou 27,065 mHz) qui est réservé aux appels d'urgence et ne doit servir que pour cela. Vous pourrez rejoindre la police avec ce canal. Le code d'urgence est *10-33*.

Quelqu'un qui capte un signal de détresse doit absolument porter assistance ou communiquer avec quelqu'un qui est susceptible de le faire.

Pour les «Walkie Talkies», il n'y a généralement qu'un seul canal, le 14 (ou 27,125 mHz). Ils sont peu puissants mais l'ajout d'une antenne, et, se placer sur un lac, au sommet d'une montagne ou sur un terrain plat et déboisé leur donnera un peu plus de portée. Un avion ou un autre radio pourra peut-être capter le signal.

LE CODE MORSE

A	. _	N	_ .
B	_ . . .	O	_ _ _
C	_ . _ .	P	. _ _ .
D	_ . .	Q	_ _ . _
E	.	R	. _ .
F	. . _ .	S	. . .
G	_ _ .	T	_
H	. . . .	U	. . _
I	. .	V	. . . _
J	. _ _ _	W	. _ _
K	_ . _	X	_ . . _
L	. _ . .	Y	_ . _ _
M	_ _	Z	_ _ . .

CH _ _ _ _

1	. _ _ _ _	6	_ . . . .
2	. . _ _ _	7	_ _ . . .
3	. . . _ _	8	_ _ _ . .
4	. . . . _	9	_ _ _ _ .
5	. . . . .	0	_ _ _ _ _

Début de transmission	_ . _ . _
Fin de transmission	. _ . _ .

CHAPITRE VII

LES TROUSSES DE SURVIE

LA TROUSSE INDIVIDUELLE

Une petite trousse de survie attachée à la ceinture permettra de se dépanner en cas de pépin. (— Perdu en forêt — Surpris par la tombée de la nuit — Canot et matériel perdus dans un rapide — etc.) Bien sûr, tous les articles énumérés dans les deux listes suivantes ne sont que suggestions.

Liste du matériel (et son utilisation)

— Une boîte de conserve [de 650 ml (le format généralement utilisé pour les arachides). Percer un trou de chaque côté, près de la bordure ayant pour but d'y insérer éventuellement une broche servant d'anse pour suspendre la boîte tel un chaudron. Conserver le couvercle de plastique pour fermer hermétiquement la boîte. *N.B.:* Un autre format conviendra tout aussi bien. À mes yeux les gamelles rectangulaires de l'armée sont idéales].

— *Un étui* [assez grand pour mettre la boîte de conserve]
— *Quelques pesées*
— *Quelques hameçons*
— *Un bas de ligne*
— *Une vingtaine de mètres de fil de ligne à pêche* [Peut également servir pour faire des collets ou construire un abri]
— *Un rouleau de soie dentaire* [C'est un fil résistant qui peut servir à coudre une plaie ou un vêtement, à pêcher la truite, à construire un abri, etc.]
— *Une aiguille* [Vérifier si son chas est suffisamment grand pour permettre le passage de la soie dentaire]
— *Trois épingles de sûreté*

— *Une chandelle* [Choisir une chandelle ne dégageant pas de fumée, elle dure plus longtemps que la chandelle conventionnelle]
— *Un crayon*
— *La liste de ce que contient la trousse et une feuille démontrant les signaux de détresse*
— *Un paquet de dextrosol* [C'est du sucre concentré que l'on se procure en pharmacie]
— *Trois cubes de bouillon de boeuf*
— *Une feuille de papier d'aluminium*
— *Trois à quatre mètres de cordelette en nylon*
— *Une trentaine d'allumettes dans un contenant étanche*
— *Un carré de «Moleskin»* [Se vend en pharmacie et sert à couvrir (ou pour éviter) une ampoule]
— *Cinq pansements* «plasters» de format régulier et deux petits
— *Un petit flacon de teinture d'iode 5 %* [L'iode sert à désinfecter une plaie et à purifier l'eau — 3 à 5 gouttes dans un litre d'eau; agiter; laisser reposer au moins 30 minutes avant de consommer]
— *Un rouleau de fil de laiton*
— *Un miroir de signalisation*
— *Une mini-lampe de poche ou une lanterne chimique (cyalume)*

Normalement, vous devriez avoir sur vous:

— *Une boussole*
— *Une carte de la région*
— *Un bon canif ou un couteau de chasse*
— *De l'huile insectifuge*

LA TROUSSE DE GROUPE

Dans une embarcation, un véhicule ou dans un avion il devrait y avoir une trousse plus complète que la précédente.

Dans un petit sac à dos, inclure les articles précédemment listés en y ajoutant:

— *Rations de survie*
— *Trousse de premiers soins complète* (telle celle qui est décrite à la page 189)
— *Une ou deux cannettes de «sterno»*
— *Une bonne hache*
— *Un habit de survie* (qui peut servir d'imperméable)
— *Un ou deux chauffe-mains*
— *Du ruban phosphorescent*
— *Une couverture de survie de haute qualité*
— *De l'huile insectifuge*
— *Un nécessaire de signalisation*

CHAPITRE VIII

LES INSECTES PIQUEURS

QUI SONT-ILS?

La mouche noire

En saison, elle apparaît la première (vers la fin mai) et même si on la retrouve jusqu'en septembre dans les forêts de conifères, c'est en juin qu'elle est la plus active, surtout à l'aurore et au crépuscule. Elle ne pique pas à l'intérieur d'un bâtiment, d'un véhicule ou d'une tente.

Le maringouin

Il apparaît un peu plus tard que la mouche noire (vers la mi-juin). Son activité débute le soir et s'accentue tout au cours de la nuit. Dans le jour, en plein soleil, il est relativement calme, mais il se manifeste par une journée sombre et nuageuse.

Seule la femelle du maringouin pique et elle le fait pour prélever le sang nécessaire à la reproduction. Elle pique même à l'intérieur (rien n'est plus énervant que d'en avoir 2 ou 3 qui vous tournent autour de la tête durant la nuit).

Le brûlot

Il apparaît en juillet et il sera présent jusqu'à la mi-septembre.

Il se manifeste surtout vers la fin de l'après-midi jusqu'au petit matin.

La morsure donne à celui qui la subit, une forte sensation de brûlure. De plus il est tellement petit que l'on ne l'entend pas et aux heures où il passe à l'attaque, on ne le voit pas. Il pique même à l'intérieur et une moustiquaire ordinaire n'est pas tissée suffisamment serrée pour l'empêcher de passer; par conséquent, il est très important d'être muni d'une tente possédant une moustiquaire «anti- brûlots».

LES INSECTES PIQUEURS
(Grossissement approximatif: 4X)

LA MOUCHE NOIRE
fig. 1

LE BRÛLOT
fig. 2

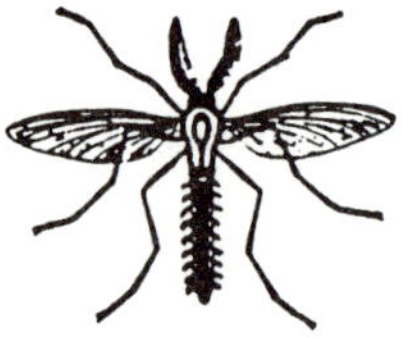

LE MARINGOUIN
fig. 3

LA MOUCHE À
CHEVREUIL
fig. 4

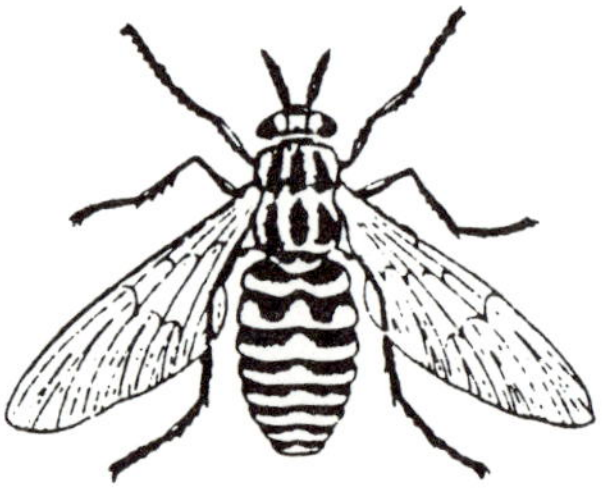

La mouche à chevreuil (ou «frappe-à-bord»)

En juillet et en août par temps chaud, elle est très active. Heureusement, elle disparaît à la fin de la journée (pour laisser place aux maringouins et aux brûlots).

Elle s'attaque surtout au cuir chevelu et ses morsures sont douloureuses.

La mouche à orignal

Même si elle s'attaque peu à l'homme elle sera souvent attirée par les peaux mouillées et sa morsure est très douloureuse.

CE QUI LES ATTIRE

— La proximité d'un lac ou d'une tourbière.
— Un lieu à l'abri du vent.
— Des vêtements de couleur foncée (et particulièrement le bleu du «blue-jeans»).
— La terre fraîchement remuée.
— L'odeur de la banane (et de la personne qui en a mangé).
— L'odeur de l'alcool (et particulièrement celle de la personne qui en a bu).
— L'odeur des savons, des eaux de cologne, des essences florales, des maquillages, etc.
— Les pigmentations pâles.
— Un taux de sucre élevé dans le sang.
— Des vêtements légers et/ou serrés.

MESURES DE PROTECTION

— Porter des vêtements de couleur pâle, amples et s'ajustant aux chevilles, aux poignets et au cou.
— Mettre de l'huile insectifuge. Les plus efficaces sont celles qui contiennent un haut taux de *diéthyltoluamide*. En utiliser souvent et peu à la fois.
— Ne pas se laver.
— Ne pas consommer d'alcool.
— Choisir un endroit aéré et sec pour camper.
— La vitamine B_1 (Thiamine) prise quelques jours avant (et pendant) une excursion est efficace. En prendre à raison de 300 mg par jour. Lorsque l'urine dégagera la même odeur que la vitamine vous serez prêt à affronter les insectes. Mais puisque c'est la sueur qui dégagera l'odeur il ne faudra pas se laver.
— Les vestes insectifuges sont étonnamment efficaces. Par contre elles ont le désavantage d'être très accrochantes lorsqu'il faut marcher à travers une forêt dense.

— Se frotter avec des feuilles de «Clintonie boréale» (voir Clintonie boréale) ou avec des pelures de citron ou d'orange est un moyen de dépannage à retenir.

CONCLUSION

Si vous vous êtes donné la peine d'étudier à fond et avez pris la résolution de mettre en pratique ce que renferme ce volume, vous connaîtrez de plus grands plaisirs lors de vos excursions car:

— Par la connaissance des cartes et de la boussole, vous pouvez d'ores et déjà, aller où vous voulez et vous êtes confiant de ne pas vous perdre. — La connaissance de plusieurs noeuds vous rend de précieux services et vous soulage d'encombrants articles superflus. — Par l'étude des soixante plantes du chapitre trois, vous serez sûrement émerveillé de pouvoir les reconnaître en forêt et souvent surpris, de constater qu'elles poussent à des endroits qui vous sont pourtant familiers. — Vous avez peut-être déjà acquis votre trousse de premiers soins et vous ne paniquez plus au moindre petit «bobo». — Préparer la nourriture pour une excursion ne sera plus un difficile casse-tête. — Vous savez prévoir la météo avec suffisamment de justesse pour éviter les gros ennuis. — Lorsqu'il vous faudra acheter de l'équipement pour vos activités de plein air, vous saurez dorénavant comment et quoi acheter, ainsi que les articles indispensables à apporter en excursion. — Vous saurez également faire face à l'imprévu, quelle attitude adopter en cas de coup dur, comment signaler, etc. — Vous connaissez les principales techniques de construction d'abris et d'érection de feux. — Vous savez comment trouver de l'eau potable et traiter celle qui ne l'est pas. — Les principales techniques de chasse et de pêche ne sont plus un secret. — Les insectes piqueurs ne sont plus d'aussi redoutables ennemis.

L'auteur donne des cours sur les sujets abordés dans cet ouvrage.

Pour de plus amples renseignements concernant ces cours, veuillez communiquer avec l'auteur:

Denis Frappier
Case postale 57
Saint-Justin (Québec)
J0K 2V0

Vous pouvez également lui faire part de vos commentaires.

BIBLIOGRAPHIE SOMMAIRE

AGRICULTURE CANADA. *La déshydratation chez soi des fruits et des légumes,* Approvisionnements et services, Ottawa, Publication 1739/F., 1982.

AMBULANCE ST-JEAN. *Secourisme,* St. John Priory of Canada, Québec, 1974, 264 pages.

ASSINIWI, Bernard. *Survie en forêt,* 5e édition, Leméac, Montréal, 1972, 174 pages.

BERGERON, Jacques F. et BROUSSEAU, Jacques. *Guide des poissons d'eau douce du Québec,* Gouvernement du Québec, Ministère du Loisir, de la Chasse et de la Pêche, Direction générale de la faune, Québec, 1983, 240 pages.

BRUNET, J.M.. *L'alimentation du sportif,* Éditions Quebecor, Montréal, 1982, 153 pages.

CANADA. *Le manuel du Guide alimentaire canadien,* Ministère de la Santé nationale et du Bien-être social, Direction générale de la protection de la santé, Bureau des sciences de la nutrition, Ottawa, 1977.

CALLENBACH, Ernest. *Écotopie,* traduit de l'américain par Christiane Thioller, Opuscule, Montréal, 1975, 322 pages.

DESCHENAUX, J. Georges. *Techniques de survie,* Institut national des viandes inc. (INVI), Montréal, 1982, 216 pages.

DEYGLUN, Serge. *La pêche sportive au Québec,* Éditions du Jour, Montréal, 1972, 267 pages.

DEPT. OF MINES, RESOURCES & ENVIRONMENTAL MANAGEMENT (Manitoba). *The Manitoba Trappers' Guide,* 122 pages.

DROSCHER, Vitus B. *Les animaux savent vivre et survivre,* Éditions Robert Laffont, Paris, 1979, 239 pages.

FORTIER, Roger. *Le poisson à votre portée,* Nouvelle édition, Institut national des viandes Inc. (INVI), 1982, 387 pages.

GODIN, Serge. *Lecture de cartes et orientation en forêt,* Éditions du Jour, Montréal, 1974, 96 pages.

HOSIE, R.C.. *Arbres indigènes du Canada,* Fides et Gouvernement du Canada, 1978, 389 pages.

INSTITUT DU PLEIN AIR QUÉBÉCOIS. *Du pique-nique à l'expédition,* Institut national du Québec, Québec, 1983, 221 pages.

INSTITUT NATIONAL DES VIANDES INC. (INVI). *L'orignal,* deuxième édition, Institut national des viandes Inc., (INVI), 1983, 216 pages.

INSTITUT NATIONAL DES VIANDES INC. (INVI). *Les vraies recettes du petit gibier,* Nouvelle édition, Institut national des viandes Inc., (INVI), 1982, 193 pages.

INSTITUT NATIONAL DES VIANDES INC. (INVI). *Comment dépecer votre chevreuil,* Institut national des viandes Inc. (INVI), 1968.

LAMOUREUX, Gisèle. *Plantes sauvages printanières,* Éditeur officiel du Québec, Québec, 1975, 247 pages.

LEBRUN, Denis et GUÉRINEAU, Anne-Marie. *Champignons du Québec et de l'est du Canada.*

LEDUC & GERVAIS. *Connaître la météorologie,* PUQ, Québec, 1985.

LE GROUPE FLEURBEC. *Plantes sauvages au menu, guide culinaire Fleurbec,* Le groupe Fleurbec auteur et éditeur, St-Cuthbert, 1981, 159 pages.

LE GROUPE FLEURBEC. *Plantes sauvages comestibles, guide d'identification Fleurbec,* Le groupe Fleurbec/éditeur, St-Cuthbert, 1981, 168 pages.

MARIE-VICTORIN. *Flore laurentienne,* édition revue par E. Rouleau, Les Presses de l'Université de Montréal, Montréal, 1964, 925 pages.

MICHAUD, Léandre. *Le guide de Survie de l'armée américaine,* Éditions de l'Homme, Montréal, 1981, 396 pages.

MINISTÈRE DE LA DÉFENSE. *La survie sous tous les climats,* Aviation canadienne, Imprimeur de la Reine, Ottawa, 1977, 245 pages.

MINISTÈRE DU TOURISME, DE LA CHASSE ET DE LA PÊCHE. *La pêche sportive au Québec,* 1972, 52 pages.

MINISTÈRE DES TERRES ET FORÊTS. *Petite flore forestière du Québec,* Éditions France-Amérique/Éditeur officiel du Québec, Montréal, 1979, 216 pages.

MORRIS, Desmond. *Le singe nu,* Éditions Bernard Grasset, 1968, 318 pages.

OUELLET, Alcide. *La météo,* Éditions de l'Homme, Montréal, 1971.

PELT, Jean-Marie. *L'homme re-naturé,* Paris, Éditions du Seuil, 1977, 265 pages.

PROVENCHER, Paul. *Guide du trappeur,* Éditions de l'Homme, Montréal, 1973, 225 pages.

PROVENCHER, Paul. *Vivre en forêt,* Éditions de l'Homme, Montréal, 1973, 223 pages.

REEVES, Hubert. *Patience dans l'azur,* Paris, Éditions du Seuil, 1981, 259 pages.

REEVES, Hubert. *L'heure de s'enivrer? L'univers a-t-il un sens ?,* Éditions du Seuil, Paris, 1986, 280 pages.

SCHUTT, KOCH, BLASCHKE, LANG, SCHUCK ET SUMMERER. *Avant que forêt ne meure,* Delachaux & Niestlé, Paris, 1984, 96 pages.

SÉGUIN, Fernand. *La bombe et l'orchidée,* Éditions Libre Expression, 1987, 203 pages.

SÉLECTION DU READER'S DIGEST. *L'art de vivre au temps jadis,* Sélection du Reader's Digest, Montréal, 1981, 384 pages.

SÉLECTION DU READER'S DIGEST. *Savoir pratiquement tout faire,* Sélection du Reader's Digest, Montréal, 1987, 384 pages.

SERVAN-SCHREIBER, Jean-Jacques. *Le défi mondial,* Fayard, France, 1980, 479 pages.

THIFFAULT, Mark. *The complete survival guide,* DBI Books, inc., Northfield, Illinois, 256 pages.

TREMBLAY, J.-Arnaud. *Le trappage et le commerce des animaux à fourrure,* Ministère du Tourisme, de la Chasse et de la Pêche.

TUCHMAN, Barbara. *La marche folle de l'histoire,* Éditions Robert Laffont, Paris, 1985, 432 pages.

AUX ÉDITIONS BROQUET